走进酒泉

ZOUJIN JIUQUAN

酒泉

赵开山
编著

甘肃教育出版社

图书在版编目（CIP）数据

走进酒泉 / 赵开山编著. -- 兰州 : 甘肃教育出版社, 2021.9

（走进甘肃旅游文化丛书）

ISBN 978-7-5423-4993-4

Ⅰ. ①走… Ⅱ. ①赵… Ⅲ. ①旅游文化—酒泉 Ⅳ. ①F592.742.3

中国版本图书馆CIP数据核字(2020)第239649号

走进酒泉

ZOUJIN JIUQUAN

赵开山　编著

项目策划　薛英昭　刘正东

项目执行　刘正东

责任编辑　李慧娟

助理编辑　冯斌婷

封面设计　MM 末末美书

出　版　甘肃教育出版社

社　址　兰州市读者大道 568 号　730030

网　址　www.gseph.cn　　E-mail　gseph@duzhe.cn

电　话　0931-8436483(编辑部)　0931-8773056(发行部)

传　真　0931-8773056

淘宝官方旗舰店　http://shop111038270.taobao.com

发　行　甘肃教育出版社　　印　刷　成都市金雅迪彩色印刷有限公司

开　本　880 毫米×1230 毫米　1/32　印　张　10　插　页　1　字　数　213 千

版　次　2021 年 9 月第 1 版

印　次　2021 年 9 月第 1 次印刷

印　数　1~2 000

书　号　ISBN 978-7-5423-4993-4　　定　价　70.00 元

走进酒泉寻大美

“江山如此多娇，引无数英雄竞折腰”。酒泉是古老的，也是年轻的，充满了种种希冀、梦幻与美丽。历史上发生的种种故事，遗留的种种文物，积淀的种种文化，传承的种种文脉，构成了洋洋大观。崇尚自然，酷爱美景，走进酒泉，寻美觅趣，已成为越来越多的人在旅行生活中不可或缺的一个重要内容。

人们行走在丝绸之路上的酒泉，听到的是贯耳风声，看到的是满眼昭华。就是随意捡拾的遗珍、趣事，也都蕴含有清脆的诗韵、透彻的哲理和追寻的情趣。大家把走进酒泉的所见所闻，所思所想，所悟所感，都装进了自己的行囊，载入自己的记忆，变成了自己的精神财富和潜在力量。

我不是职业的旅行家，但生活在酒泉，工作在酒泉，前前后后走遍了酒泉的山山水水，城城镇镇。尽管，道路是漫长的，行程是劳顿的，步履是沉重的，但视域是开阔的，心情是愉悦的，思绪是辽远的，感悟是真切的，收获是丰厚的。当这些真情实感，或流入笔底，或涌上键盘，一切都化成了文字，组成了一束束散文趣话，整理成册，便起名《走进酒泉》。

酒泉并不遥远，转身就在身边；酒泉并不荒凉，有人就是风光。千百年来，日月旋转，沧桑变迁，人间更换。酒泉山水是壮阔的，酒泉人是豪爽的。不论远山近水，不论乡村城镇，有山可居，有水可流，有路就可通向远方，有人就可走在一起。在这个时空中，每个感悟酒泉、体验酒泉的人，精神可放松，神采可飞扬，心态可自得，意趣可高雅，思绪可飘逸，常常有一种景美而醉人，纵目而生情，饱览而释怀的热切和眷恋。心脾俱畅，物情神交。

行走是一种体力的付出，活动的是筋骨，疲劳的是腿脚，占用的是时间，寻美才是思想的收获；走走停停的体验，观远察近的感悟，山水美景的养眼润心，风雨清音的入耳入脑，风土人情的撞怀扑胸，无不是一种大美的享受，无不是一种丰盛的精神大餐。这一切，酒泉能给予每个走进她，亲近她，体味她的人，不同于别的地方的风情与特色。有看不够的秀美风光，有探不尽的文化历史，有察不完的人文民俗。

酒泉自古就有“金银不换玉酒泉”之称，玉是温润的，酒泉是温润的，酒泉人也是温润的。走进了玉酒泉，就是走进了温润之乡，处处都可以体会到温润的情感。满眼的戈壁翠绿，煽动的是温润的风和雨；奔腾的大漠河流，流动的是温润的波和浪。行，你会体会“百里不同风，十里不同雨”的温润；吃，你会品味不同于“南北大餐，东西小吃”的温润口味；住，你会像在自己的家乡一样，宾至如归，做一个温润的梦。

酒泉人好客，民间有“一回生两回熟，三回四回是朋友，五回六回结亲戚”的说法。在他们看来，“喜鹊叫，客人到”。打扫厅厨，为的是客人住得舒畅；备好饭菜，为的是客人吃得爽口。朋友来了有好酒，好酒专和客人喝。也讲究“酒要喝好，把客人撂倒”。客人喝醉了，主人也就高兴了。这种情感，没来过酒泉或来酒泉没有开怀畅饮的人，是无法体会的，也不知醉是一种什么境界，酒泉人的好客是一种什么样的情感。尽管山不言，水不语，但酒能表达一切。千言万语在杯中，深情厚谊出酒中。此情此景，谁不顿时心如潮涌，谁不直言酒泉人的诚心待客如奉佛的为世之道！不如此，酒泉人怎表达胸中的无限激情。

因此，行走与寻美，就是一种人与自然的和谐统一。走进绚丽多彩的酒泉，去感受遥远的美丽；走进雄宏壮阔的远山近水，去领略迷人的风光；走进风情万般的城镇村落，去体味人文的魅力。正如孔子所说：“智者乐水，仁者乐山。智者动，仁者静。”大自然的美，可以使人智，使人仁，使人变得崇高而纯洁。走进酒泉，揽酒泉美景，也是人生一大赏心悦目的快事乐事。

本来，走进酒泉，敦煌是一部绕不开避不了，也不可遗漏缺失的史诗。但出版社考虑到，这是一本书所难以涵盖和容纳的，不如再增加一本《走进敦煌》，这样能把博大精深的内容写得更充分、更细致。这是更完美的考量和谋划。同时，也为《走进酒泉》一书腾出了更多的篇幅，为把酒泉写得更完整、更完善而创造了条件。

目　录

第一单元　话说酒泉：也是掷地有声的心动

第二单元　来到酒泉：行住吃娱购都是要紧事

第一单元

话说酒泉：也是掷地有声的心动

稀世瑰宝瓜州象牙佛

据说世上本有两尊象牙佛，由同一根象牙雕出，另一尊留存国外。瓜州象牙佛是印度国王赠送给唐玄奘的礼物，后来保存在瓜州寺院。清嘉庆年间，道士吴根栋在榆林窟发现象牙佛，代代相传，视为镇窟之宝，中华人民共和国成立后由榆林窟最后一代住持郭元亨献交给人民政府。『象牙佛』虽只有人的手掌大小，但在内部雕刻了54个情节有别的佛传图，279个形象逼真的人物，讲述了佛陀一生的传奇故事。象牙佛原品现存于北京故宫博物院，复制品存于瓜州县博物馆。

酒泉郡，武帝太初元年开。莽曰辅平。户18137，口76726，县9。禄福，呼蚕水出南羌中，东北至会水入羌谷。莽曰显德。表是，莽曰载武。乐涫，莽曰乐亭。天陈，玉门，莽曰辅平亭。会水，北部都尉治偃泉障。东部都尉治东部障。莽曰萧武。池头，绥弥，乾齐。西部都尉治西部障。莽曰测虏。

——《汉书·地理志》

一、找个最好的理由来酒泉

出门旅游，本来是一件极平常的事，只要时间允许，手头宽松，想去哪里，出门就走。自己的主意自己拿，自己的行程自己定。但大家都很忙，忙学业、忙事业、忙工作、忙生活，出门旅游就显得极不平常。要在自己有限的时间内，有限的经费内，游得更舒畅、更轻松、更有意义、更有收获，去哪里，看什么，就要进行一番细致的思考。找一个最好的理由，才能有一个最好的行程。要走进酒泉，至少有十大最好的理由任您选择：

理由一，南望祁连冰峰，领略壮观景色

酒泉城有个“东迎华岳，西达伊吾，南望祁连，北通沙漠”的方位坐标。由此可知，这座城市与巍巍祁连有着形影不离的联系。人们走在大街上，不经意间就能和祁连雪峰打个照面。每当坐车驶出城市，又总是和千里祁连并肩同行。坐在高楼上，隔窗相望，祁连山就在眼前，若即若离，给人以无尽的神思和遐想。

祁连雪峰

似乎所有的征人，在这里列队；所有的驼峰，在这里耸立；所有的骏马，在这里奔腾；所有的落日，在这里沉没，形成了山系，形成了岁月，祁连山才显得这样正气浩然，大气磅礴。

有关的资料对祁连山做了如下描述："高耸称祁连，昂首可攀天。雪峰云中峙，恰似帝王殿。南借高原雨，北洒大漠间。千沙横空舞，梦中驻诗篇。"明代诗人郭登有《祁连山》诗："祁连高耸势岩峣，积素凝花尚未消。色映晶盐迷晓骑，光生玉树晃琼瑶。寻梅腊外春寒敛，仗策吟边逸兴飘。几度豪来诗句险，恍疑乘蹇灞陵桥。"祁连山主峰海拔 5808 米，4000 米以上为冰峰雪巅，有 3000 多条冰川分布其中，面积 2062 平方公里，总储冰 954 亿多立方米，素有"固体水库"之称。从中流出了石羊河、黑河、疏勒河 3 大水系，保证着河西走廊的 5 个地级市的人畜饮水、农林灌溉、山川浸润，支撑着工矿企业的发展，造就了有别于青藏高原、蒙古高原、黄土高原以及新疆的阔野的生态环境和人文历史。

理由二，探寻文明源头，解读昆仑神话

在距今 360 万年以前的上古时代，最初的人类，以最初的智慧，创作了最初的口头文学作品——神话故事。中国神话故事，有东方的蓬莱神话、中原的神话、南方的荆楚神话和西方的昆仑神话。其中，来自昆仑山的昆仑神话可与国外的希腊神话相媲美。传说中的昆仑山在哪里，人们的说法不一，至今在学术界没有定论。但有不少人认为祁连山就是古昆仑。依据这一学术观点，昆

仑山就是酒泉境南的祁连山。因此，酒泉也是昆仑神话的起源与传播之地。昆仑神话在中国最古老的典籍《山海经》中有记载，流传于酒泉一带的《酒泉宝卷》中也有不少说唱，民间的传说故事，内容更丰富，情节更生动。

流传最广、影响最大的当数盘古在昆仑造仙境、置“醴泉”，金阁银阙，铜门玉壁，华贵不凡，自然是神仙们欢宴娱乐的场所。富丽堂皇的黄帝行宫就坐落在昆仑山之顶，是黄帝在人间的帝都，在熊熊火焰的照耀下，显得格外美丽和庄严。女娲在昆仑炼五色石补天，抟土造人，从此不但有了完整的天体，而且一代代有头有脑、有脚有腿、有鼻有眼、有血有肉、有筋有骨、有气有神、有情有欲的人活跃了起来，成长了起来。大禹劈合黎山，导弱水入流沙，不但有传说，而且有实物遗迹。酒泉鼓楼也有大禹治水的浮雕。周穆王与西王母，一个人间的天子，一个天上的神仙，在昆仑仙境相会，自然是一件极不平常的大事。于是西王母按照人神共有的最高礼节，举行了隆重的欢迎仪式和盛大酒宴，被传为佳话。

理由三，举目长河落日，追逐大漠孤烟

大漠深处的一山一水，都是鬼斧神工；一城一镇，都是血脉传承；一砖一瓦，都有传奇故事；一草一木，都有真情大爱。

酒泉景点，大小戈壁相连，远近沙丘起伏，虽然遥远，却没有路途寂寞、车马劳顿之感。最壮观的是“大漠孤烟直，长河落日圆”，不由得让人豪气顿生，精神倍增。偶然见到野骆驼奔跑

长河落日圆

于荒野，鹰雁飞翔于长空，也是都市中难见之景。烈日烤焦的河床，烈风吹斜的山体，被云层擦去了烟雾的天穹，也是大自然的另类安排。瓜州的“世界风库”，玉门的“石油之都”，中国航天城，一个个大气不凡，都是环球级的名气。

虚虚幻幻的海市蜃楼，更使人们为神奇诡异、气势磅礴，静似伏鳖、动若游龙的仙境神迹而震撼。远看大气磅礴的天地间，似有十面埋伏，百万兵卒，令人心惊；近看阡陌纵横的荒原中，变化万千，神秘莫测。总之，影影绰绰，层层叠叠，似乎笼罩着一层雾霭般的纱帘，朦朦胧胧，若隐若现。想走进其中，探个究竟，弄个明白，而开车追逐，一切都是徒劳的。你近了，景远了；

你远了，景近了，永远同你保持着神秘的距离。更多的时候，走进大漠深处，似乎透过残阳还可以看到当年那战马嘶鸣、炮声轰隆、浴血鏖战的情景，领略那种金戈铁马、风悲日曛、蓬断草枯、骨曝沙砾的荒凉和悲壮。

理由四，走近三千弱水，饱览千年胡杨

人们都说“长河东流归大海”，可唯有“弱水北流入居延”。被河西人称为“黑河”的河水，是古代著名的“弱水”，涛涌流沙，声震旷野，被各类典籍记载。庄周梦蝶，周穆王巡河，都是写弱水最早的篇章。中国四大名著之一的《西游记》为此写道：“八百流沙界，三千弱水深。鹅毛飘不起，芦花定底沉。”也有人说：“任

胡杨秋容

凭弱水三千，我只取一瓢饮。”弱水飞流湍急时，入得“三峡”，形成拍岩出谷的磅礴之力；缓慢时，水推沙浪，沙阻水流，形成了湾套湾、滩连滩的辽阔河面，因此民间有“黄河无底，弱水无帮”之说。现在的弱水，包括了同出于祁连山的马营河、洪水河和讨赖河，结成同一个水系，在祁连山的素珠链峰，汇集涓涓细流，涉过野牛沟，北出莺落峡，浇灌过张掖境内的平原绿洲，又一转身经正义峡，穿过合黎山，进入金塔沙源，走过九曲十八湾，最终注入居延海，是典型的内陆河流。

如果历史再往前推一万年，或几千年，弱水却是名副其实的外流河。那汹涌的河水，是居延海难以阻挡的，于是再向北流，流过蒙古高原，一直流入了黑龙江，因此，也有“弱水六万里”的说法。有着史前植物活化石的英雄树胡杨，总是和弱水相随相伴，弱水流到哪里，胡杨就生长在哪里；不怕沙漠的贫瘠，不避盐碱的浸蚀，有片土壤就扎根，有滴水珠就发芽，迎着太阳抽枯枝，伴着霜露染黄沙，有着“活着三千年不死，死了三千年不倒，倒了三千年不朽，生生灭灭就是万年”的说法。

理由五，重走丝路古道，感受城市变迁

重走酒泉古道，在一路古建筑、古遗址、古文物、古景观前，总有一种透过千年烟云，与消失的岁月对话，与远去的历史续缘的感受；虽有一种不可翻越的厚重，一种不能淡忘的记忆，但历史的发展，时代的变迁，一切都翻开了新的一页。如今，人们不论漫步酒泉城区，还是敦煌街头；不论漫步农区县城，还是牧区

酒泉老城区

城镇，都会看到，一座城比一座城有特色，一座城比一座城有生机。脚下的小路变成了平坦的大道、城市的大街小巷变成了温馨花苑。酒泉及各县市城市发展的潜力与后劲，为人们展现了一幅注重人与社会、自然和谐发展，魅力无限的画卷。

酒泉城新区和老区“珠联璧合”，齐头并进，构筑着“一河五湖十园”的绿色屏障。敦煌城历史文脉“承前启后”，一条党河风情线，更增添无限魅力。玉门城从山上搬到山下，显示出“戈壁深处筑新城”的潜力。金塔城“小巧玲珑”，新建的音乐喷泉、圆梦广场和军民融合文化园更具温馨气息。安西城“恬静清新”，生态长廊、瓜州大道、迎宾大道成为新的景观。阿克塞城和肃北城市的民族风格，使牧民新居的“颜值”大幅提升。这一切都拉大了城市框架，拓展了城市空间，体现了城市特色，使酒泉真正

酒泉新城区

成为适宜人们居住之地、适宜事业发展之地。

理由六，参拜佛陀石窟，仰观飞天神韵

酒泉既是文物大市、旅游大市，也是石窟聚集之地。佛教从西域传入敦煌、酒泉，再进入中原，形成了洋洋大观。自1600年前，乐僔和尚发现三危佛光而建造莫高窟第一个洞窟以来，历朝历代的佛家弟子、政府官员、画师匠人和信佛大众，在敦煌、酒泉大地上，掀起了经久不衰的修窟塑佛活动。仅酒泉地区，就有敦煌莫高窟、西千佛洞、瓜州榆林窟、东千佛洞、水峡口下洞子石窟、肃北五个庙石窟、一个庙石窟、玉门昌马石窟，以及酒泉城附近的文殊山石窟。

其中，最大彩塑有莫高窟的“北大像”，最大壁画有莫高窟的《五台山图》；最具艺术特色的塑像有西千佛洞的“十六罗汉残像”；构图最精美的壁画有榆林窟第25窟的《经变图》；塑造最成功的人物造型图有榆林窟的《水月观音图》和《千手观音图》；瓜州东千佛洞壁画中最早出现了唐玄奘西天取经图。绘制最多的还是飞天形象。据常书鸿在《敦煌飞天》大型艺术画册序言中说，总计有 4500 余身飞天。其数量之多，图案之精美，令人惊叹。正是在这历史的更迭积淀中，古老的酒泉迅速从蛮荒走向繁荣，从愚昧走向文明，集结了人类古代四大文明——中国文明、印度文明、埃及文明和希腊文明，创造了举世闻名的文化艺术。

理由七，登临汉明长城，气壮中华雄风

穿越崇山峻岭的万里长城，耸起了中华民族的脊梁。我国古代几乎每个朝代都修筑过长城。在酒泉境内既有汉代长城，又有明代长城和关隘，穿插而立，蜿蜒而去，维持着漠北游牧民族和河西农耕民族相对稳定的社会。从总体上讲，长城的存在，交往交流多于对抗征战，同时促进了农耕文明和游牧文明的发展。

1907 年 3 月，斯坦因第二次中亚考古时，在敦煌一带，看到茫茫大漠深处，有一处绵长而笔直的墙体，虽然许多地方几乎全为流沙所覆盖，但用来加固墙体的红柳层还是顽强地露出头来。他猜测，这可能就是中国汉代的边墙，也就是中国巨大的地面建筑——长城。令他惊讶的是，顺着这条长城再往东走，墙体保存越来越完好，还发现了不少烽燧，塞垣，障堠，有序地排列着，就是一座完整而独特的军事防御体系。

据史载，元封三年（前 108 年），汉武帝令赵破奴“击破姑师，虏楼兰王。酒泉列亭障至玉门矣”。在酒泉境内，汉长城总

的走向是经张掖高台，沿黑河北行，到肩水金关一带，跨过黑河，沿着金塔、玉门北部沙漠与黑戈壁的交错地带，一路向西，进入瓜州地界，与疏勒河并行，最后穿过玉门关，向遥远的新疆罗布泊延伸而去。有意思的是，明长城起于嘉峪关，酒泉是它向东逶迤而去的第一个里程。而明王朝对嘉峪关外的广大疆域，已是鞭长莫及，无力管辖了。因此，当时流传一首民谣：“出了嘉峪关，两眼泪不干。向前看戈壁滩，向后看鬼门关。”

理由八，打开地下画廊，考证魏晋珍华

酒泉的戈壁荒漠，荒凉冷漠，风比雨多，寒冷胜于晴暖。这

万舰出海

里的人们习惯春种夏管秋收冬藏，天热了下地干活，天冷了回家生火，一日三餐烟火不断。但他们不知道，戈壁之下的世界是什么样子，有哪些比金银财宝还值钱的东西。

20 世纪 70 年代初，一个牧羊人无意间用牧羊鞭杆捅开了一个无底洞，揭开了一片魏晋大墓的一角。经考古发现，这片墓地的规模大得惊人。在酒泉的果园乡丁家坝村、西沟村，嘉峪关的新城乡，方圆 20 平方公里内，古墓葬有 2200 多座。这里的村民祖祖辈辈就生活在墓地当中，房屋建在墓葬旁，庄稼种在坟头上，羊群吃着墓地的草。就连庄稼汉的梦，也一代又一代地与墓主人

丁家闸五号墓壁画

同时衍续。墓中的壁画，画着天堂的美景，画着人间的烟火，画着地狱的鬼神，一埋葬就是1600多年，时光流逝了，壁画依然新鲜，墓主人依然在梦中。这一切，正好是中国绘画艺术史上的一个“空白点”，被誉为“世界最大的地下画廊”。

像这样的墓葬群，在酒泉19万平方公里的大地上，已发现和发掘的就有几十处。有肃州干骨崖遗址及古墓群、单墩子滩墓群、果园乡西沟余家坝墓群、东关汉墓群、下河清汉墓群、崔家南湾晋墓群、火烧沟遗址—佛爷庙—新店台古墓群、锁阳城废址墓葬群。这些墓葬群为研究酒泉历史文化提供了大量实物资料，具有十分深远的意义。

理由九，翻阅历史长卷，喜看英雄儿女

自 1900 年以来的 100 多年间，酒泉发生了历史性的变化。清末，政治日益腐败，人民痛苦深重，各地反抗不断。敦煌农民的“丁未抗粮”，震惊了统治阶级。20 世纪初，由革命党人组织的闻家圈起义，虽遭叛徒出卖起义失败，但却是酒泉在辛亥革命中最响亮的一个义举。1912 年，废除帝制，建立了共和政体。酒泉人反抗马家军阀的残酷统治，支援全国人民的抗日战争，西路军枪林弹雨出祁连，玉门石油工人冒死护矿……经过赴汤蹈火，浴血奋战，苦难的酒泉人民终于获得了新生。

1949 年 9 月，解放大军在彭德怀的率领下进军河西，酒泉各地和平解放，建立了人民当家做主的政权。历史，从此进入了社会主义革命和建设的新时期。无论是在反抗封建剥削和压迫还是在巩固新生政权的斗争中，酒泉人民都坚强不屈、矢志不渝、前赴后继地发扬了不屈不挠的斗争精神。

就在这短短的百年之中，有许多人，让酒泉人在心中长久记忆，永志难忘。他们是铁人王进喜，我国石油工业奠基人孙建初，敦煌学的研究者和传播者常书鸿、段文杰、樊锦诗；浴血战斗在祁连山的李先念、李卓然、孙玉清、熊国炳；剿匪英雄孔庆云；为西北水利事业呕心沥血的原素欣；解放酒泉的彭德怀、王震、许光达；航天英雄杨利伟以及费俊龙、聂海胜等；在酒泉为祖国找过矿藏的温家宝；植树造林、防风固沙的全国劳模顾天祥等。如果没有他们，百年酒泉的历史将不再完整；如果没有他们，百

铁人雕像

年酒泉的历史将要重新改写。他们影响着酒泉历史的进程！

理由十，纵览百年风云，共享时代精神

自 1900 年以来的 100 多年间，酒泉创造了历史性的奇迹。著名的“天下第一洞”——藏经洞在这里揭秘，这批中国文化宝藏，一经走出深宫，重见天日，世界为之震惊，海外强盗纷至沓来，一场浩劫在所难免。但在百年后的今天，这批文化宝藏依然光芒四射，照亮了人类文明之路，引发了世界性的敦煌研究热和旅游热。

这是敦煌的骄傲，酒泉的骄傲，中国的骄傲。

共和国的“第一桶石油”在这里开采，曾担任过玉门油田党委宣传部部长的著名诗人李季用“苏联有巴库，中国有玉门。凡有石油处，皆有玉门人”的诗句对玉门油田作了形象的概括。油城玉门，已走过了 80 多年的沧桑岁月。回眸历史，一代又一代的玉门人为了共和国的血脉，为了新中国的崛起和发展，为了拼命拿下大油田，在祁连山下的石油河畔，在祖国所有产石油的地方，和铁人王进喜一样，为祖国的石油事业贡献了毕生精力。“爱国、创业、求实、奉献”的铁人精神，正是在这块热土上孕育、生长并大发扬光大的。

卫星发射基地

中华民族的“第一颗原子弹”在这里制造，“第一颗人造卫星”从这里升空，圆了中华民族千年的“飞天梦”。航天传统精神、“两弹一星”精神、载人航天精神，简称“航天三大精神”，构成了我国独特的航天文化。

二、熟悉而陌生的酒泉

1. 甘肃 42% 的版图在酒泉

酒泉，因“城东有泉”“其水若酒”而得名。位于甘肃省西北部、河西走廊最西端，东接张掖高台、肃南县，南毗青海海西州，西邻新疆哈密市若羌县，北接内蒙古额济纳旗和蒙古国东戈壁省，东西长 700 多公里，南北宽 400 多公里，海拔 1138 米至 2698 米，总面积 19.39 万平方公里，占全省面积的 42%。总人口 112.36 万人，被誉为“敦煌艺术的故乡”“现代航天的摇篮”“新中国石油工业和核工业的发祥地”。

大漠深处“新家园”。酒泉市境内现已利用的耕地、园地、林地、草地 559.67 万公顷，占总面积的 29.3%。全市耕地保有量 25.79 万公顷，其中基本农田面积 15.53 万公顷，草地面积 463.6 万公顷。宜农宜林宜牧，条件较好，有着巨大的土地可开发资源。据统计资料显示，2017 年全市农作物年播种面积 18 万公顷，全年粮食

鼓楼雄姿

产量 33.1 万吨，蔬菜产量 232.8 万吨，水果产量 33.8 万吨，药材产量 11.3 万吨；全市牛饲养量 26.8 万头，羊饲养量 675.3 万只，生猪饲养量 45.9 万头；全年肉类总产量 8.4 万吨，牛奶产量 2.9 万吨，禽蛋产量 0.9 万吨，水产品产量 2545.7 吨；农业总产值由 1978 年的 2.23 亿元上升到 2017 年的 90.53 亿元，以市场需求为导向的农业生产格局已经形成。

沧桑横流“雪山水”。境内有疏勒河、黑河、哈尔腾河 3 大水系，19 条河流，均发源于南山冰川积雪区。河流的年地表水总径流量 35.15 亿立方米，水资源可利用量 29.16 亿立方米。河道水力资源理论蕴藏量 66 万千瓦，可能开发的水力资源 18.8 万千瓦。全市建成了金塔鸳鸯池、解放村、瓜州双塔堡、玉门赤金峡、敦煌党河等 66 座大中小型水库，总库容达到 4.81 亿立方米，初步形成了基本配套的灌溉工程网络。全年用水总量 29.88 亿立方米，其中工业用水量 2.73 亿立方米，农业用水量 26.3 亿立方米，辖区内各流域 172 万亩农田的灌溉得到了保证。

山川自有“聚宝盆”。现有较大的成矿带 5 个，矿点 572 处，其中经国家储委认可的矿床 92 处。有石油、煤炭、铁、铬、锰、钒、铜、铅、锌、锡、锑、汞、金、银、钼等 48 个矿种，开发利用的前景很好。在探明储量中，锂矿、锶矿、芒硝、蛇纹岩、钾盐、镁盐、石棉等 7 种矿产位居全国首位，钨矿储量居全国第二位，铬、钒在全国居第三位，菱镁矿居第五位。此外，煤、铁、铅、锌、银、金、白云岩、石灰岩、石膏、大理石材料和建筑材料等均具有明显的优势或潜在优势，为矿业经济发展提供了资源保障。

风情万般“醉游人”。境内有新石器时代的“四坝文化”，汉唐时期的“丝路文化”，声振四海的“敦煌文化”以及“边塞文化”“长城文化”，都遗留下大量的文物古迹。全市有不可移动文物点 1393 处。有世界文化遗产 5 处（即莫高窟、境内长城、锁阳城遗址、悬泉置遗址、玉门关遗址），全国重点文物保护单位 20 处，省级文物保护单位 84 处，市级文物保护单位 19 处，县级文物保护单位 719 处。据统计，截至 2017 年底，全市旅游接待人数由 1979 年的 76699 人次达到 2646.5 万人次，综合收入由

1979 年 22 万元达到 244.28 亿元。旅游直接从业人员从 1979 年不到 100 人达到 4.1 万人，间接从业人员达到 16 万人。酒泉被央视评为“最具人气的西部名城”，成功创建为中国优秀旅游城市；被人民网、中国旅游报社等单位评为“影响世界的中国文化旅游名城”。

2. 地貌特征：“U”形地理大构造

据《酒泉市志》载，“三山四水百绿洲”，是酒泉的地理特征。连峰叠嶂、凌空万仞的祁连山脉，从东向西而来；峰岭峻峭，凝华积雪的阿尔金山脉，自西向东而来；起伏不定、绵延百里的阿尔泰山余脉马鬃山，由北向南而来，在酒泉大地上形成“三足鼎立”之势。纳百川入流沙的“三千弱水”，穿峡出谷育绿洲的讨赖河水，绕峰吞沙向西流的疏勒河水，卷风融雪越莽原的党河水，像四条

祁连山下

经天纬地的巨龙，串起大漠戈壁片片绿洲，滋润着酒泉人世代居住生息的壮丽家园。酒泉地势基本呈现出一个巨大的“U”形构造。

南有“众山之巅，众水之源”的祁连山区和当金山区。山峰多在 4000 米以上，最高峰宰吾结勒峰海拔 5808 米，素珠链峰海拔 5547 米。在海拔 4500~4700 米以上，有现代冰川分布，是讨赖河、疏勒河、党河、哈尔腾河各大水系的发源地。肃北蒙古族自治县、阿克塞哈萨克族自治县就分别坐落在祁连山区和当金山区。境内山川重叠，水流切割，峡谷分裂，盆地相间，地貌结构差别很大。海拔较低的山口或山间宽谷间，分布有沼泽草甸、草甸草场、半干旱草场和干旱草场，可供不同季节放牧。局部海拔在 3000 米以下，有具备灌溉条件的山间盆地，还可从事农耕。

北有“荒漠之地，荒凉之境”的马鬃山区。东起明水一线与内蒙古自治区额济纳旗相连，西以星星峡一线与新疆哈密市毗邻，南部与西部靠瓜州、玉门，北接蒙古国，一般海拔为 1500~2000 米，肃北县马鬃山镇就坐落在这里。境内不仅有天山东延余脉，还有五大山体及七大盆地横亘其中，经长期剥蚀和堆积作用，岩石嶙峋，戈壁广布，构成一幅高低起伏、切割分隔的地貌景观。

中有“广袤之野，广博之途”的走廊平原区。东起南山余脉元山子，西邻新疆，北部为马鬃山台地所阻，南靠祁连山地边缘，海拔在 1200~1700 米之间。平原区内分布有肃州、金塔、玉门、瓜州、敦煌盆地，大部分为准平原的基岩戈壁地形。其间有低矮的山丘、浩瀚的戈壁、成片的沙漠、奔腾的河流、连片的绿洲、辽阔的草原、茂盛的林带和肥沃的耕地。同时，境外有巴丹吉林沙漠从东向西压来，有库木塔格沙漠从西向东挤来，使酒泉形成了相对封闭的一个地理地质环境，这就是酒泉人赖以生存的家园。

3. 气候特征：既具典型大陆性气候，又有明显地方性气候

酒泉地处西北内陆，属典型大陆性气候，冬季严寒，夏季酷热，温差大，风沙多，日照长，降水量很少，蒸发量大。由于地形的复杂性、地域的差异性和气温的变化性，“百里不同风，十里不同雨”，冷热不均，属寒暑悬殊的地方性“小气候”。

境内四季分明。受自然环境的影响而引起的局部气候特征也相当明显。如中部绿洲戈壁相间区和北部的大部分地区，主要属温带干旱气候；而南部山地属高寒半干旱气候；绿洲之内的敦煌、安西、金塔等少部分地区，由于海拔相对较低，属暖温带干旱气候。全年平均气温 3.9℃ ~9.3℃，四季温度的基本特征是：冬季寒冷时间长，夏季炎热时间短，春季回暖较快，秋季降温迅速，是适

风电基地

合人类繁衍生息的地方。

催生风能流动的“狭管效应”。受特殊地理地貌的影响，西伯利亚高压气流在酒泉境内形成了强大的“狭管效应”。因而瓜州有“世界风库”、玉门有“世界风口”之称，肃北马鬃山、阿克塞当金山都是著名的风能聚集带。这些地方，年平均风速大于等于 3 米每秒的平均日数达 150 天以上，全年风速大于等于 8 米每秒的理想风能日数,最高可达 30 天。全市风能总储量 2 亿千瓦、开发量 8000 万千瓦以上。风能资源的利用价值较大，具有广阔的前途。

引燃蓝天白煤的“阳光效能”。酒泉全年无霜期 127~158 天，年平均日照 3000 小时以上，日照百分率为 75%。太阳辐射资源年总量在 145~154 千卡每平方厘米。可与青海、新疆等地相媲美，仅次于西藏，是四川盆地的 1.7 倍。属国家光热资源分布一类地区。这不仅为发展农业生产提供了极为有利的条件，也是光电产业的雄厚资源。“太阳当空照，能源动地来”，太阳能发电项目建设，正在成为酒泉重要的战略性新兴支柱产业。

适宜物种多样的“生态环境”。酒泉年平均降水量在 36.8~176.0 毫米，降水季节和区域分布不均，主要集中在夏季 6~8 月。境内地形比较复杂，年降水量受其影响明显，降水低值中心出现在安敦盆地，为 36.8~45.7 毫米；高值中心出现在肃北、阿克塞牧区的党河南山一带，约为 280 毫米，其他地方随着海拔高度的升高而降水递增。适合多样性的农牧业生产，曾作为“河

精细农业

西商品粮基地”而驰名，现为全国最大的对外制种基地和花卉制种基地。

4. 历史沿革：从洪荒岁月到现代文明

人类最初的足迹。 作为阿尔泰山余脉的马鬃山地区，原本山是荒山，水是荒水，沙漠戈壁，植被稀疏。除了放牧的牧民，开矿的民工，很少有人出入。20世纪30年代，中国西北科学考察团对这里产生了极大的兴趣，经过细致的考察，终于有了惊人的发现。在一个叫塔崩布拉克的地方，出土了一块化石，经鉴定是1500万年前“甘肃猿人”的遗骸。后来又有人在马鬃山明水一带、玉门昌马一带，相继发现了旧石器时代人类生活的遗址。

考古证明，酒泉古大陆也是原始人类的一方生存繁衍的热土。在这里，他们睡可居山洞，饿可食野果，渴可饮山泉，行可走荒原，时而迎风呼唤，时而成群追逐，过着十足的野性生活，成为人类最初的先祖。

距今 3 万年前，酒泉一带已有了人类居住。距今 1 万多年前的旧石器时代，酒泉一带的先民们就已学会了制造石器，火的应用也很广泛。距今 7000 年至 3500 年，走进酒泉一带的人类，开始进入新石器时代。新石器时代的人类，劳动技能有了很大提高，他们制造陶器，打磨的石器工艺精美，用途更为广泛，农牧业都有了一定发展。据《史记·五帝本纪》载：帝颛顼时，其土地“北至于幽陵，南至于交趾，西至于流沙，东至于蟠木”。“帝尧时，迁三苗于三危”。《汉书 · 西羌传》说 ：“西羌之本，出自三苗。”说明，人类最早已经走进酒泉，掀起了最早的一波开发与定居。肃北祁连山一带和嘉峪关黑山一带的岩画，就是他们遗留在大地上的最初作品。玉门火烧沟遗址出土的陶埙，就是他们常用的音乐器物，追猎时吹之，放牧时吹之，休闲时吹之，起舞时吹之。

自古以来，酒泉古道上残阳如血，征尘飞扬。这里大漠苍茫，长河千里，是有别于江南水乡、中原沃野的另一种类型的人类家园。在这个家园里，水可养育绿洲，农可五谷丰登，牧可六畜兴旺，商可货畅其流。先秦时期，在酒泉一带的游牧民族，先后有羌氏、月氏、乌孙、匈奴，为争地盘，抢资源，他们之间发生过无数次战争，流血草原，败走他乡是常有的事。但大多数时候，各游牧民族还是和平相处，过着平静的日子。玉门火烧沟原始人墓葬群、肃州清水西河滩原始人古民居遗址，就是当时“四坝文化”遗址的重要实物证据。那时在发展畜牧业的基础上，农业生产有了飞速的发展，人们有了耕地和住房，生活相对稳定和富足。

“河西第一郡”的雄风。 酒泉的行政区划，基本上形成于汉代。自汉匈争战之后，匈奴人部分归附汉廷，部分远走漠北，汉武帝便决定打造“由令居（今永登），经酒泉，到玉门关的长城”。于是有了在河西“设四郡，据两关”的战略格局。酒泉便以郡的建置，领池头、乾齐、玉门、天陈、禄福、绥弥、乐涫、表是、会水 9 县。由于大量的移民开荒，经略新的家园，酒泉一带就形成了以汉族为主的农业经济开发地区，一直延续到现在。文化发展上也开始了新的一页。先是“投笔从戎”的班超平定西域，后是张骞的两次西域之行，搭起了一座开放的桥梁，将丝绸之路带入鼎盛时期。东西方文明从此揭开神秘的面纱，在这里交流融汇，渐趋繁荣。敦煌汉简和居延汉简的出土，让人们可以读出汉代人的政治制度与文化生活。

王莽称帝，改国号为“新”，改酒泉郡为辅平郡。东汉到三国，均以此称酒泉郡。经历代酒泉人的苦心经营，这里政治稳定，生活富裕。此后一段时期虽社会动荡，却促进了民族大融合。谢艾任酒泉太守期间，组织人力物力重筑了酒泉城。“五胡十六国”时期，酒泉处在了一个大动荡的时期，先后属前凉、前秦、后凉、西凉、北凉。其中，西凉国主李暠，于公元 405 年由敦煌迁都酒

汉武雄风

泉，并从江汉一带移民 23000 多人，酒泉农业得到了进一步开发，文化教育事业也得到了重视，西凉国也呈现出一时的富庶与强盛。公元 420 年，北凉灭西凉。公元 439 年北魏灭北凉，酒泉一带归属北魏。

“与中州无殊”的繁荣。 魏晋南北朝时期的酒泉一带，处在中原战乱的大后方，多民族交流融合，经济恢复发展，文化多元繁荣，有着“与中州无殊”的情形，当是酒泉最富庶的一个时期。现存魏晋墓葬中精美绝伦的壁画，作为保存完好的“东方地下艺术画廊”，既反映出当时高超的绘画技艺，又可从画面上看出当时人们劳作、耕种、放牧、狩猎、宴席、歌舞、享受的生动鲜活的场景。同时，作为玉石之路、丝绸之路重镇的酒泉，商贸活动空前活跃。贵霜帝国月氏人的玉石交易，粟特人的马匹、骆驼，中原人的丝绸、茶叶，大都在酒泉集中交易。佛教的西来东传，酒泉也是重要的一站，出现了大批寺院与佛经翻译典籍。大批佛教高僧，也在酒泉留下了足印。

绝响边塞的文化现象。　隋代，废酒泉之名，改叫肃州。唐代又废肃州名，恢复称酒泉。其后，酒泉、肃州之名交替使用。唐王朝虽有“欲固秦陇，必固河西”之经略，但力不从心，酒泉一带的政局不是很稳定。但这一特定历史时期，也催生了一种绝世的文学现象，即以边塞诗为主的文学作品载入了史册。李白的“明月出天山，苍茫云海间”，王维的“单车欲问边，属国过居延”，岑参的“酒泉太守能剑舞，高堂置酒夜击鼓”，至今还撼动着读者心灵。公元 763 年，酒泉归属吐蕃，建立了“肃州千户府”。这种局面延续了 88 年。公元 851 年，张义潮起兵，大败吐蕃，酒泉和整个河西一起，回归大唐。然而没过多久，回鹘人乘机攻占了河西，酒泉也成了回鹘的领地。

到了宋代，党项人建立西夏，河西尽在西夏的疆域之内，酒泉被西夏统治 191 年，成为西夏的一个重镇。由于西夏统治政策相对宽松，汉、吐蕃、回鹘等文化相互交流，形成了别具一格的西夏文化，也促进了社会的发展。西夏文字和雕版印刷，也是西夏人的创造。酒泉至今还保存着当时的著名作品“水月观音图”

和“唐僧取经”的故事。西夏败亡后，酒泉归蒙古，公元1271年蒙古改国号为元，设肃州路，长官称“达鲁花赤”。此时，东西交流畅通，中国文化连同丝绸、药材、陶瓷等源源不断地经酒泉流向西方；西方的天文、算学、画学等也经酒泉输入中原。

漫漫古道的兴衰。　明代，置肃州卫，长官称“指挥使”。为巩固边防，酒泉一带筑起了嘉峪关城。酒泉城也几经扩建，真正成了“西北边塞第一城”。经过多年开垦，雄关内外绿洲连片，百业俱兴，中西使团来往的盛况也不亚于汉唐。清代，改置为肃州直隶州，设知州，地方建置基本沿袭明制。筑边墙、兴屯田、办文教，很有一番作为，曾一度出现“边塞盛世”，有名的肃州三大书院即当时所创。据《重修肃州新志》载，肃州作为羌戎通驿之路，“各省商旅，咸聚于此”。茶马互市在酒泉也很活跃，为地方换来了许多有用的马匹。据《肃镇志》载，河西15卫所的马匹配额，甘州五卫6697匹，肃州卫3194匹，高台千户所208匹，这些马主要由茶马互市供给。至清末，政治日益腐败，人民痛苦深重，各地反抗不断。1912年，废除帝制，建立了共和政体的省县制，酒泉置安肃道，辖酒泉、金塔、高台、毛目、安西、敦煌、玉门7县。

民国时期，酒泉逐渐失去了昔日的繁荣。国人在谈到酒泉时，总是说它地广人稀、地瘠民贫、经济落后。想到的是戈壁沙滩、飞沙走石、狂风黑浪，或者是战乱、灾荒、饥饿、人口逃亡等现象。酒泉的这种贫穷和落后是天灾和人祸造成的，天灾的根源也

酒泉近郊

来自人祸。20 世纪 30 年代中期酒泉旱灾的惨重，实际起因于军阀的苛政、地主的剥削、鸦片的毒害，致使民力衰微和生态环境遭到严重破坏。

经过无数革命先烈的浴血奋战，中国共产党领导的新民主主义革命取得胜利，建立了人民当家作主的政权。1949 年 9 月，解放军进军河西，酒泉各地和平解放。历史，从此进入了社会主义革命和建设的新时期。

三、旅游资源点将台

1. 名胜古迹游览和推荐指数

酒泉西汉胜迹、鼓楼及四条大街、夜光杯生产基地、肃州区丁家闸壁画墓、银达乡毛主席按语碑、金塔寺、金塔胡杨林、鸳鸯池景区、肩水金关、酒泉卫星发射基地、玉门油田、王进喜纪念馆、瓜州榆林窟、锁阳城遗址、西路军纪念碑、阿克塞新旧县城、肃北冰川群。

游览指数★★★★★　推荐指数★★★★★

肃州观光生态园、花城湖景区、酒泉明长城、肃州区西沟壁画墓，玉门丹霞地貌、火烧沟遗址、赤金峡景区、昌马石窟群、瓜州石窟群、桥湾城、双塔湖、阿克塞大小苏干湖、肃北石包城遗址。

游览指数★★★★　推荐指数★★★★

肃州区下河清皇城与紫金城、金塔王子庄与威虏城、玉门骟马城遗址、瓜州白虎关、阿克塞胡杨峡、肃北黑喇嘛城与明水堡、马鬃山边防与口岸。

游览指数★★★　推荐指数★★★

2. 国家 AAAA 级景区

西汉酒泉胜迹、酒泉卫星发射中心、酒泉天宝景区、金塔沙漠胡杨林景区、玉门赤金峡旅游景区、玉门市玉泽湖生态旅游景区、瓜州草圣故里文化产业园、瓜州锁阳城景区。

3. 国家 AAA 级景区

酒泉常青花木苑、酒泉大法幢寺、酒泉民俗博物馆、金塔鸳鸯湖风景区、金塔金鼎湖清泽溪风景区、金塔航天神舟休闲生态园景区、玉门铁人王进喜纪念馆、瓜州桥湾旅游景区、肃北党河峡谷民族文化风情园、阿克塞金山湖景区、阿克塞哈萨克民族风情园。

4. 国家级重点文物保护单位

榆林窟、果园—新城墓群、居延遗址、锁阳城遗址。

5. 省级重点文物保护单位

昌马石窟、五个庙石窟、丁家闸南北石滩墓群、东关外墓群、下河清墓群、崔家南湾墓群、乱古堆墓群、旧南干渠北石滩墓群、大坡梁—天泉寺墓群、泉子墓群、锁阳城墓群、长沙岭墓群、踏实墓群、冥水墓群、赵家水磨遗址、干骨崖遗址、缸缸洼遗址、火石梁遗址、西三角城遗址、砂锅梁遗址、三个墩遗址、火烧沟遗址、破城子故址、晋昌郡城址、六工城遗址、冥安县城遗址、巴州古城、浪柴沟遗址、旱湖脑遗址、石包城遗址、党城遗址、星星峡旧址、酒泉鼓楼、酒泉古城门、金塔塔院寺、昌马岩画、七个驴岩画、灰湾子岩画、大黑沟岩画、阿尔格力太岩画、酒泉境内汉长城、酒泉境内明长城。

四、行程规划与行前参考

合理规划，免得花钱跑冤枉路。酒泉地域辽阔，景点分散，距离超长。因此，在动身前就要深入了解酒泉的历史文化，熟悉酒泉的景区景点，充分了解要行走的线路和要游览的景点，合理计划。尽量把旅行时间安排得充足一点，要选择正规的旅行社，提前预订车票和宾馆，以免临时改行程而造成不必要的麻烦。如果是自驾游，要带上交通地图，使用北斗卫星导航，避免走错路，误了行程。

早有准备，路途顺利不遭罪。酒泉虽然四季分明，但早晚温差比较大，有着“早穿棉袄午穿纱，围着火炉吃西瓜”和“夏天的出门，冬天的行装”的说法。因此，不同季节要有不同的准备。春要防沙尘，带上风衣、口罩是必要的。夏要防晒，带上防晒衣和防晒霜，也要多带两件衣服，以防天气的突变。秋天天气变化较大，衣服要穿厚一点，带点感冒药和防腹泻药品。冬天天寒地冻，穿好保暖衣服和防滑鞋。

分清季节，寻找不同的体验和感受。走进酒泉“四季游”。不同的季节，游不同的景点，观不同的景色，释放不同的心情。春天踏青赏花，有金塔的杏花节，春风入杏林，胭脂映雪峰；有肃州的桃花节，华芳燃烟川，风动香袭人。夏天涉绿弄香，有甘青道的左公柳，一树一灵气，一林一风情；有无尽的戈壁红柳。秋天，品瓜果佳酿，甘怡清香；览千年胡杨，霞云醉色染天际。冬观雪景冰河，银装素裹，洁白千里。

利用网络，查找更多的酒泉资料与信息。

甘肃旅游网 http://www.tourgansu.com/index

中国酒泉网 http://www.chinajiuquan.com/

酒泉在线 https://www.jqcom.cn/

马蜂窝 http://www.mafengwo.cn/

五、旅游精品游线路

酒泉全域旅游精品线：以敦煌为龙头，串联莫高窟、鸣沙山·月牙泉、雅丹地质公园、阳关、玉门关、肃北 29 号冰川、阿克塞哈萨克民族风情园、肃北党河峡谷民族文化风情园、锁阳城、榆林窟、玉门赤金峡、玉门魔山地质公园、嘉峪关关城、西汉酒泉胜迹、金塔沙漠胡杨林、酒泉卫星发射中心等景区（点），打造全域旅游精品线。

丝绸之路精品线：以境内连霍、瓜敦高速等公路为主线，串联西汉酒泉胜迹、丝绸之路博物馆、嘉峪关关城、桥湾城、瓜州草圣故里、锁阳城、榆林窟、莫高窟、阳关、玉门关、汉长城等旅游景区（点）。

敦煌艺术精品线：以敦煌为重点，辐射瓜州，串联莫高窟、西千佛洞、悬泉置遗址、榆林窟、东千佛洞、锁阳城、敦煌国际会展中心等景区（点），包含《又见敦煌》《丝路花雨》《敦煌盛典》等大型实景演出，打造敦煌艺术精品线。

航天旅游精品线：以酒泉卫星发射中心为依托，串联西汉酒泉胜迹、天宝旅游城、金塔沙漠胡杨林、酒泉航天文化主题小镇等景区，打造航天旅游精品线。

大漠风光精品线：以大漠风光为主题，串联西汉酒泉胜迹、奇石博览园、风光能源基地、玉门魔山地质公园、玉门赤金峡、肃北 29 号冰川、鸣沙山·月牙泉、敦煌雅丹等旅游景区（点）。

民族风情精品线：以敦煌辐射到蒙古、哈萨克少数民族风情为主线，串联肃北党河峡谷民族文化风情园、肃北 29 号冰川、赛马场、阿克塞哈萨克民族风情园、苏干湖等景区，打造民族风情精品线。

户外运动精品线：依托丰富的自然和文化资源，持续举办“玄奘之路戈壁挑战赛”“戈壁马拉松”“非凡足迹”等户外赛事活动，常态化开展户外徒步、登山攀岩、滑雪滑沙、漂流冲浪、蹦极滑索、滑翔跳伞、挑战极限、器械赛事等 8 项户外运动旅游新业态。

河西丝路精品线：以敦煌为龙头，串联张掖、嘉峪关精品旅游产品，打造兰州、张掖、航天城、肃州、嘉峪关、玉门、瓜州、敦煌丝路精品线。

河西—青海—新疆大环线：以丝绸之路文化为主线，以敦煌为核心，打造河西走廊 + 青海湖 + 新疆自驾游大环线。

书画艺术研学游线路：串联敦煌市区、莫高窟数字展示中心、莫高窟、敦煌画院、雕塑艺术工作室非遗传习所。

黄金自驾游线路：串联双塔湖风景区、锁阳城遗址景区、榆林窟景区、瓜州国际雕塑艺术公园、敦煌市。

康养休闲线路：串联天宝大景区、嘉峪关、锁阳城、榆林窟玄奘之路线路、戈壁清泉线路、“狮路戈途”双塔湖线路。（此资料由酒泉市文旅局提供）

第二单元

来到酒泉：行住吃娱购都是要紧事

沙漠遗珍汉琥珀雕卧虎

琥珀在古代也称『百沛』『遗玉』，是古代树脂的一种化石。出土于金塔县金塔乡田野的汉代琥珀雕卧虎，是件工艺品，通体朱红色，呈卧姿。雕工简洁，但造型完美，通体圆润，气韵生动，神形兼备，憨态可掬，显示出了很高的艺术表现功力。相传在远古时期，琥珀制品是西王母的专属用品，极为罕见，极其高贵和神秘。到了汉代，依然是贵族人家的奢侈品。汉琥珀雕卧虎出现在弱水河畔的金塔，也与人们的爱好与汉代西王母崇拜有关。

二十五史中的酒泉

酒泉，汉福禄县，属酒泉郡。郡城下有金泉，泉味如酒，故为郡名。此月支地，为匈奴所灭，匈奴令休屠、昆邪王守之。汉武时，昆邪来降，乃置酒泉郡。张轨、李暠、沮渠蒙逊皆都于此。后魏置酒泉军，复为郡，后周改为甘州，隋分甘州置肃州，皆治酒泉。义宁元年，置酒泉县。

——《旧唐书·地理志》

六、行：交通便利，路路畅通

1. 民航（酒泉航线、机场及航班）

1932 年，中德欧亚航空邮运公司，经过多次试航，开辟了“上海—兰州—乌鲁木齐”航线，成为沟通欧亚两洲之间的最短空中交通线。酒泉被设为中途机场，开始有飞机降落。1950 年 7 月，设立了中国民用航空酒泉站。

酒泉航空站于 1974 年划入嘉峪关市辖域。1984 年起，更名为中国民用航空嘉峪关站。同时，酒泉飞机场更名为嘉峪关飞机场。2004 年 12 月，嘉峪关机场改造工程正式启动，机场定位为国内支线机场，建设规模按照满足空客 320、波音 737 机型直飞北京航线要求，跑道由 2200 米延长至 2800 米，飞行区等级为 4C。目前已开通北京、兰州、西安、成都、上海、乌鲁木齐、敦煌等航线。

2. 铁路（兰新铁路及高铁）

大漠变通途，铁路连天涯，酒泉也并不遥远。

兰新铁路，沿祁连山北麓，横穿河西走廊，在酒泉境内，经酒泉，出嘉峪关，过玉门、疏勒河、桥湾城、柳园镇，沿马鬃山南麓西进，跨红柳河进入新疆。兰新线通至酒泉后，又修了镜铁山支线、玉门支线、清绿支线，分别通往酒钢矿区、玉门油田、酒泉卫星发射中心。兰新铁路复线，也途径酒泉、嘉峪关、玉门等西部重镇。

兰新铁路酒泉段自东向西主要有清水、上河清、下河清、东洞、酒泉、嘉峪关、镜铁山、玉门东、玉门南、新民堡、赤金湖、低窝铺、玉门镇、疏勒河、桥湾、布隆吉、安北、石板墩、峡东、柳园、小泉、照西、红柳河等 23 个站点。

酒泉火车站是二等站，没有始发列车，多辆火车都经过酒泉火车站，从酒泉火车站乘坐过路火车，可以东达兰州、西安，西到乌鲁木齐，南下重庆、成都，北到北京等地。查询订票可登录 12306 中国铁路客服中心网、去哪儿网、携程网、飞猪网等，或在火车站售票大厅直接购买。

3. 高速铁路（酒泉高铁及酒泉南站）

兰新高速铁路，也叫兰新客专，从兰州到乌鲁木齐，横跨 3 省区，全长 1776 公里，酒泉是一个重要的枢纽节点。酒泉南主要担任高速动车组、动车组旅客乘降业务，也承担部分直达列车的运行。距老城区中心 7 公里，距新城区 6 公里，距兰州西站

676 公里，距嘉峪关南站 21 公里，距张掖西站 188 公里。

酒泉市区内可乘 25 路，经西关车站—市医院—区政府（酒泉中学）—美食街口（文化广场）—彩虹桥—电信局—春光市场—景观路口—航天家园—碧桂园—格林小镇—酒泉南站，全程运行时间约 25 分钟，票价 1 元，无人售票，支持交通联合卡与支付宝电子卡支付。

4. 公路（横贯酒泉的公路、长途汽车及各县市区市内交通）

酒泉，是甘肃的西大门，自古就处在丝路古道上，虽深居内陆，运距超长，但却是连接中原与西域各国的重镇。中华人民共和国成立以后，酒泉的公路交通事业有了极大的改善。先后新建了甘新、酒额、红当、安敦、南疆等干线，公路总里程 4800 多公里，国道 312、215 线横贯境内。干支线公路相连，交通网络，四通八达。一个"货流其畅，人便于行"的公路交通新局面展现在人们的面前。相继铺开一批高等级公路的建设。

国道主干线连云港至霍尔果斯公路的重要路段，有清水至嘉峪关高速公路，全长 95.9 公里，为全封闭、全立交、双向 4 车道高速公路，途经下河清机场、上坝乡、总寨镇、酒泉糖厂、酒泉烈士陵园、张良沟村、安远沟、嘉峪关迎宾路十字、鳖盖山嘴等控制点，终点位于民众路口附近；嘉峪关至瓜州高速公路，4 车道一级公路，始于嘉峪关，接在建的清水至嘉峪关高速公路，止于瓜州，接瓜州至星星峡公路及瓜州至敦煌公路，全长 235.42 公里。瓜州至敦煌公路，全长 132.66 公里，经过瓜州地震台、十工农场、芦草沟、五墩乡、敦煌机场等地，终点位于敦煌市七里镇国道 215 线，二级标准公路。全市有酒泉、肃州、金塔、玉门市、玉门镇、安西、柳园、敦煌、肃北 9 座汽车站。酒泉境内还有酒航公路、肃航高速公路，由酒泉经金塔，到酒泉卫星发射中心，各 210 公里。

酒泉汽车站　位于酒泉市肃州区西关路，主要向省内各地级市及各县市发车。

电话：0937–2603103。

到达交通:乘 1 路、3 路、5 路内环、5 路外环、9 路、12 路、27 路公交在西关车站下车即到。

酒泉南关车站　属肃州区各乡镇车辆，但也有发往附近其他城市的车次。

位于酒泉市南大街与南环东街交叉处向东 50 米路南。

电话：0937–2671287。

到达交通：市内公交车 4、2、11、18 路经过南关车站。

5. 市内公交

肃州区现有公交线路 30 路，在册公交车 200 多辆，城区 60 岁以上老人免费乘坐公交车。金塔县有客运车 11 辆，市区有运营线路 3 条。玉门新市区有运营线路 2 条，运营客车 91 辆。瓜州县营运范围，为县城至四工、十工、北大桥 3 条线路，有公交车 11 辆。

七、住：宾至如归，处处温馨

1. 住宿指南

2020 年全市有星级饭店 44 家，其中，五星级 1 家、四星级 20 家，三星级及以下 23 家。

部分星级旅游饭店名录：

名　称	星级	地　址	电　话
世纪大酒店	四星级	肃州区世纪大道 53 号	2666186
龙腾宾馆	四星级	肃州区东环南路 31 号	2612491
酒泉饭店	四星级	肃州区南大街 30 号	2671888
天脉缘酒店	四星级	肃州区园林路 92 号	2876666
东方国际酒店	四星级	肃州区仓门街 6 号	2657213
肃州宾馆	三星级	肃州区小西街 2 号	2613988
明珠大酒店	四星级	玉门市新天地大厦 601 号	3377666
玉门宾馆	三星级	玉门市新城区玉苑路 2 号	3339268
嘉美假日酒店	四星级	金塔县金鑫工业园区	4567890
玉峰祥酒店	三星级	金塔县富丽花苑小区西侧	5900677

金洋宾馆	三星级	金塔县宝塔街 6 号	4581009
金塔宾馆	三星级	金塔县解放路 376 号	4424835
融金洲海大酒店	四星级	瓜州县瓜州大道 75 号	5558888
国风酒店	四星级	瓜州县瓜州大道 160 号	5585000
元通大酒店	四星级	瓜州县广德路 1 号	5595888
瓜州宾馆	三星级	瓜州县县政府街 23 号	6952222

2. 旅行服务

2020 年全市有旅行社 204 家。

部分旅行社名录：

名　称	地　址	电　话
甘肃酒泉国际旅行社	肃州区仓门街 42 号	2614497
酒泉龙腾国际旅行社	肃州区南环东路 13—1 号 7 号楼	3848628
酒泉兴顺达旅行社	肃州区西大街 6 号	13993753396
酒泉西汉国际旅行社	肃州区南环西路 2 号	2655710
酒泉汉唐盛世旅行社	肃州区盘旋中路 5 号	2650686
酒泉西部之旅旅行社	肃州区西大街 19 号	5915666
酒泉雅丹旅行社	肃州区富康购物中心东门正对面	2680536
酒泉大华国际旅行社	肃州区玉门东路 5—1 号楼 4 号门店	2637577
酒泉航天国际旅行社	肃州区南大街 30 号	2665569
酒泉东方国际旅行社	肃州区南大街 52 号	2665699
酒泉锦程旅行社	肃州区解放路 2 号	2602379
酒泉携程国际旅行社	肃州区金利宾馆 3 楼	18609378025
酒泉康辉国际旅行社	肃州区西关路 1 号 3 楼	13909372669
酒泉富康梦之旅国际旅行社	肃州区富康路 4 号	2614658
酒泉大自然国际旅行社	肃州区南环西路 2 号	13893706655
酒泉福华国际旅行社	肃州区仓门街 6 号	13993737555
酒泉飞天国际旅行社	肃州区新城区广场东路 2 号	13909376402
甘肃西部户外旅行社	金塔县嘉美假日大酒店 3 号商铺	4571243
甘肃焕朗国际旅行社	玉门市人民路石油中专实训楼 13 楼	13079323456

瓜州县正元旅行社	瓜州县南北大街正元宾馆 307 室	5515350
瓜州金锁阳旅行社	瓜州县文化街榆林南路 187 号	13321375300
肃北县孟轲之光旅行社	肃北县紫亭花园 8 号楼 6 号门店	5810166
阿尔金国际旅行社	阿克塞县金山路 3 号	13893731291

3. 农家客栈及特色民宿

据酒泉市文旅局资料，近年来，酒泉市大力发展乡村旅游，建起农家乐和农家客栈 1000 多家，其中肃州区鸿运度假村、肃州区金佛寺镇银佳庄园、肃州区铧鑫荷花园、肃州区天乐度假村、金塔县金世盛塬农家园、金塔县聚星乐生态园获省级乡村旅游示范农家乐称号，酒泉龙德胜农庄获全省旅游业态融合创新奖。

地处酒泉城郊的肃州乡村，原本农田与湖泊相间，湖中养畜，地上种菜，是酒泉城的蔬菜生产种植基地，闲暇时节，去城里打工也很方便。随着农业产业化的推进，肃州把这里整理打造成了国家现代农业示范区的万亩核心园区。酒泉龙德胜农庄就入驻其中，以旅游招揽游客，以休闲度假留住旅客，以餐饮娱乐服务旅

龙德胜农庄

客。并把名贵树木和热带植物引进农庄，让旅客游山庄，赏美景，摘水果，吃烧烤，观风光，在轻松愉快中享受满意的服务。农庄年接待游客 25 万人次，年营业额达 2000 余万元。

地处祁连山北麓的金佛寺镇，海拔高，气候凉，多年来，只能种植夏粮。为了致富，镇上人想尽了办法，进山淘过金子，下滩放过牲畜，也卖过深山老林里的矿泉水。近年来，他们的目光，被村前村后的美景迷住了，春天桃杏花开，无数说不上名字的山花也绽放了，粉的红的、紫的黄的、乳白的嫩绿的，眼睛根本不够用了，可以说眼睛能认出什么花来，就能开出什么花来。金佛寺人脑洞大开，利用姹紫嫣红的花，搞起了吸引旅客的杏花节、桃花节。一些农家庄园抓住时机，提供木屋，让游人住下来，有兴趣的可在湖边垂钓，游饿了有生态餐饮等。春天的桃杏花开败了，许多游客还等待夏天再来品尝成熟的桃杏。把乡村记忆的这张牌搞红火了。

俗话说："靠山吃山，靠水吃水。"靠近金塔沙漠胡杨林景区的金塔农民，则是靠沙吃沙，靠林吃林。他们把手中的闲钱集中起来，在胡杨景区办餐饮，开旅馆，不挣大钱挣小钱，不挣全年挣季节，把胡杨林景区的生意做得风生水起。附近农村的农家，利用景区的民居办农家乐，每间民居都窗户宽敞明亮，干净舒适。四周胡杨成林，农田庄稼生长，该种时就种，该浇灌时就浇灌，该收获时就收获，花开花落，游人自赏，果熟果落，游人自采。住农家小院，尽可放心地进行景区游、精品游、深度游。

祁连山下有花田

城市大宾馆、大饭店，习惯了高调豪华装修，有气势有气派，游客们住着嫌贵，越豪华越没了亲切感，越高档越接不了地气，而特色民宿，虽然装修低调，却吸引了不少游客。一些高档酒店，就开办现代简约阳光房，虽深居闹市，但也隔绝了车水马龙的喧嚣，闹中有静，静中有雅，处处散发着艺术气息。按店家的设计，就是专为追求浪漫情怀的人们提供一个温馨体验静雅的小空间，愿每一个来过这里、住过这里的人都有一个美好的回忆。

书香人家、书香大院，是越来越多城里人和乡下人的新追求。

许多特色民宿也开始注意这个问题了，出现了书香民宿，比宾馆饭店又提高了一个档次和水准。一些私家的雅居，向阳客厅，除了临窗的床、沙发、茶几，又多了一柜图书，书柜隐显在花架间，有品位而不失档次，古典而不失浪漫。尤其是冬日里，客人们躺在阳光照射的床上或沙发上，看书，喝茶，就像躺在了夏日的沙滩上，享受着阳光的照耀，别有一番滋味在心头。要去酒泉周边的景点观光，店里都可提供车辆接送。

八、吃：风味美食，样样可口

酒泉人有酒泉人的美食，酒泉人有酒泉人的口福。那些吃过不少地方风味小吃的游人食客，天津风味的素合子，东北风味的三鲜土豆丸，山东风味的熬鱼贴饼子，北京风味的烤鸭，陕西风味的羊肉泡馍，敦煌风味的驴肉黄面，武威风味的“三套车”，那种种奇香奇味，令人久久回味。但吃来吃去，觉得酒泉那些清香爽口、回味悠长的名菜名食和地方小吃，却极具特色，有着许多独到之处。

味在其中

1. 面食：面之味，饭之香

酒泉面食，主要有拉条面、臊子面、杂酱面、黄面、碱面、灰面、凉面、桃花面、牛肉面、刀切面、手擀面、浆水面、麻什字、炮仗子、揪片子、刀削面、拨疙瘩、杏壳娄子、担担面、饸饹面、饺子、包子、酿皮子、凉粉、面筋、粉皮子、面鱼子等，面有面味，饭有饭香，既补充营养，又饱享口福。

| 拉条子 |

拉条子，是酒泉人日常的主食之一，家家都会做，人人都爱吃，一年四季离不了。做法：淡盐水和面，把面揉顺，饧出筋道。下锅时把做好的面剂，或搓圆拉细、或按扁拉长，入锅水煮，熟后即捞出。盛入碗内，或拌炒菜，或拌杂酱，就可趁热食用。拉

凉面

条子的做法虽简单，但也有讲究，面不能太软，也不能太硬，软了无法拉，硬了拉不开；盐不能太多，也不能太少，少了容易断，多了也拉不开。拉条子不仅能饱肚，又是美味享受；不仅能干吃，还能汤吃。民间称："清早吃碗拉条子，一天干活不知累；晌午吃碗拉条子，浑身上下有力气；后晌吃碗拉条子，舒舒服服睡一宿；长年都吃拉条子，清清爽爽一辈子。"

| 臊子面 |

臊子面，是一种酒泉传统手工小麦面制品。在民间，臊子面也称"嫂子面"。据传，因周文王吃过嫂子做的面而得名。酒泉臊子面用料简单，烹调简便：碱水和面，手擀切细，溇臊勾汤，武火下面，边煮边搅，以薄厚适度、筋道耐嚼、光鲜亮丽、酸辣可口、香气袭人为特色。面条细长，臊子清香，驱寒暖胃，四季皆宜，冬日更佳，一直受到城乡人的喜欢。用臊子面待客，也是酒泉人最好的待客饭食。酒泉有个习俗，新年第一天要吃臊子面，以示“壮仓”；新媳妇过门第一天，要下厨做臊子面，以示能干；老人过寿要吃臊子面，以示长寿。

| 拨疙瘩 |

这可能是最简易的一种面食制作法。把面粉调到稠稀适度。不能太稀，稀了叨不起来，也不能太稠，稠了就拨不动了。把锅中的面汤烧滚了，就赶快往锅中用筷子拨调好的面剂，拨出的面块大小要均匀，像一条条面鱼子一样的拨疙瘩，向锅中飞去，在汤中起伏，面剂拨完了，锅中的拨疙瘩也煮熟了。捞出拨疙瘩，

炒拨疙瘩

或炒，或烩，就可上桌食用了。因做法上的不同，酒泉一带是用筷子拨的，就叫拨疙瘩，而金塔一带是用筷子叨的，就叫叨疙瘩。虽做法不同，但风味一样，筋道爽口。

| 杏壳娄子 |

这是酒泉人一年四季都可吃的饭食，食材单一，做法简单，但比较费时。先把小麦面粉和好，比做面条的面剂稍硬一点就好，然后捋成长条，切成小方块。放在案板上，用大拇指按着小方面块，稍用力一滚，面块就变成了一个半圆形的壳娄。因此，人们就叫它杏壳娄子，也有人看着像猫的耳朵，因此又叫猫耳朵。用汤煮熟，可以汤吃，也可以干吃，加上做好的菜肴，吃起来不软不硬，不咸不淡，正适合酒泉人的口味。一般说来，夏天太忙，人们顾不上搓杏壳娄子，冬天农闲了，一家人在一起一边拉家常，一边搓杏壳娄子，要的就是这种亲热劲儿。

| 刀削面 |

刀削面可就不是酒泉人人会做、家家都吃的饭食了。一要讲究面功，二要讲究刀功。会做刀削面的人都被称为大师。面功在于用力反复地揉，揉出面的层次来，揉出面的筋道来。刀功主要讲究手上的气力要均匀，削面要稳重，削出的面薄厚、大小和形状要始终一致。一般的大师傅要把和好的面，托在挽起袖子的左胳膊上，右手持刀削面。也有技术高超者，把头剃光洗尽，抹上清油，把和好的面剂顶在头上，两手提刀，左右开弓，削起的面，成一条直线地往滚烫的汤锅中飞落。面都削完了，但不伤头皮耳朵，令人称奇叫绝。

| 揪片子 |

揪片子，是酒泉人的家常便饭，家庭妇女们都会做。把和好的面揉成圆形条状，再用手压平，然后用手揪成薄厚匀称，大小一致的面片，一扬手就落进了汤锅。把所有的面都揪完了，锅里的饭也煮熟了。可以在汤中加以肉片、菜丁、调料，连汤来吃，汤汤水水的吃个热和。也可以把面片从汤中捞出，再用肉片、葫芦、茄辣、葱蒜等菜肴去炒，也叫炒面片，吃起来更有味，更能提振精神。能做一手好揪片子，也是农家妇女的骄傲，常以“王家揪片子”“李家揪片子”来夸口。

| 碱面 |

碱面，已经算是一种很讲究的吃法了，一般家庭在修建新房、儿女结婚、老人过寿待客时，才会请大师傅来专门下碱面。由于来的客人多，下一锅碱面根本不够吃。大师傅便按主人的意图，一锅一锅地下，来来往往的客人们也就一锅一锅地吃。有时候从清早一直到傍晚，客人们才吃饱喝足，高高兴兴地回家去了。碱面的做法也很特别：先要到滩里去，挖回一种纯天然的蓬草，烧成了灰碱，将灰碱化成水，用来和面，因此也叫灰面；面擀开了，

碱面

切成均匀的长面条，捋成把再下锅。下熟的碱面，总是黄黄亮亮的，蓬蓬松松的，不结团。吃起来嚼有劲，品有香，吞有味。碱面还有一种拌了蒜泥、豆酱、油醋的吃法，人们称之为蒜拌碱面，也是一种风味。如今碱面已经走进都市的饭馆酒店，成了远近客人喜欢品尝的饭食。

| 甜水面 |

甜面条子

酒泉人的家常饭中，甜面条子，也叫甜水面，是一种最简单、最常吃的饭。这种饭在和面时不加油盐，不添灰碱，和好面后，擀薄切条即可下锅。一般人都喜欢汤吃，放一些葱蒜、香菜、萝卜、葫芦片，以素淡甜爽为适口，不管稀稀稠稠，吃了浑身舒畅。

2. 馍类：或蒸或烙都是美味

同样的面粉，酒泉人会用不同的工艺和手技，做出五花八门、五香十色的馍馍。主要有蒸馍、花卷、烧壳子、锅盔、甜水饼、油饼子、油酥馍、油馃子、油糕、米糕、煎饼、点心、甜米黄、灶干粮子、月饼等。

| 蒸馍 |

蒸馍是酒泉农村中最普通的食品。有民谣说：“雨雨雨，大大地下，馍馍蒸得车轱辘大。”在困难时期，人们的食物不多，但蒸馍还是少不了的。一般孩子多的人家，都要把蒸出的馍馍盛在筐子里，吊在半墙上，谁饿了谁爬到墙上去取。大人们下地干活，也要装一半个蒸馍当“腰食”吃。有些人家还要把蒸馍放在太阳下晒干，叫太阳晒馍，或风干馍，有一种太阳晒过的风味。现在人们生活好了，但蒸馍还没有退出日常生活。尤其是刚出笼的蒸馍，白白亮亮的，暄暄腾腾的，或泡汤吃，或蘸油泼辣子吃，或夹肉片吃，能吃出不同的风味来。

| 花卷 |

花卷和蒸馍一样，需要用笼蒸。但花卷的做法又复杂了一点，要把和好揉好的面，擀成饼状，抹上香油、茴香、香豆之类的佐料，卷起来，切成馍形，再上笼蒸熟。吃法与蒸馍相同，但比蒸

花卷

馍更有味。酒泉农村有句民谣："生了儿子想闺女，吃了蒸馍想卷子。"说明花卷更为人们所喜爱。

丨油糕丨

油糕是酒泉一带最具代表性的风味小吃之一。用黄米做成薄厚均匀的皮儿，馅选用红糖或白糖、捣碎的枣泥、拌和的豆沙等，一经油炸，便可食用。看表面黄黄亮亮的，就是有点焦脆，也能立马勾起人们的食欲。趁热而吃，入口的焦脆立刻就化了，绵软香甜的馅儿，溢满口中，从舌尖到喉咙，都浸润在甜香之中。油糕能长久存放，不易变色串味。因吃油糕的时间和场合不同，也就有了不同的名称。过年吃糕，叫年糕，有着日子一年比一年高的意思；修房立柱、嫁娶、孩子生日吃糕，叫喜糕，有吉星高照、福气升腾之意；老年人过寿，要吃寿糕，有祝福长寿、高寿之意。

丨麻腐包子丨

在酒泉农村，大麻的种植历史悠久。过去人们用大麻皮搓绳，用大麻油点灯。而用碾细的大麻籽包包子，就又多了一种美食"麻腐包子"，自食、待客都是特色的口味，客人吃高兴了，主人脸上也有光。其做法也并不复杂，先将碾细的大麻籽过箩滤皮，用水拌匀，再加入黄米中煎熬成糊状；拌上洋芋丁、萝卜丝，用面做成包子，上笼蒸制。一出笼，就溢出一种特殊的清香。吃时，蘸点油醋水，吃进口中油嫩面软，菜香味鲜，回味无穷。《酒泉宝卷》中孟姜女哭长城，有“十月里，十月一，麻腐包子送寒衣”的说法。酒泉农村旧时也有“十月初一，家家蒸麻腐包子供祭祖先”的习俗。

| 锅盔 |

“垒大灶，烧大火，家家户户烙锅盔”，这是酒泉农耕时期特有的一种现象。他们把烧好的锅盔，也叫锅魁、锅盔馍。烧制时，先把小麦面和好发匀，喜欢甜的加点食糖，喜欢咸的放点盐，喜欢香的加点油，也有把葫芦捣烂揉进面中，制作成绵绵软软的葫芦锅盔。把沙枣泥夹在锅盔中，制作成酸酸甜甜的沙枣锅盔。烤得最好的锅盔，颜色无论是白是黄，一定要亮净，内酥外脆，味香耐嚼，既可现做现吃，也可放置一段时间再吃；既可自食，也可馈赠亲友。相传，八月十五中秋节，酒泉家家都有做月饼的习俗。但这时正是农田收获的大忙季节，做小月饼费时间，就改成了做大月饼，锅有多大，月饼

锅盔

就做多大，故取名锅盔。有人心细，在锅盔上绘制出各种吉祥如意的图案，也可作为一件工艺品来欣赏。

| 煎饼 |

一具火炉，一把铁鏊，一盆面浆，一把刷子，就能做出美味可口的传统食品——煎饼。把铁鏊烧热，刷上清油，倒进适量面浆，在鏊底上刷平铺匀了，再放到炉火上，烤熟了就可出鏊，一张煎饼很快就会做好。做煎饼的食物，以粮食为主，有小麦面、玉米面，豆面、荞面、高粱面的，各有各的口感和味道。但都可做得薄透均匀，柔道清香。食用时拌以调配好的油醋水，使之更有口感。清代蒲松龄的《煎饼赋》中，有“或拭鹅脂，或假豚膏，三五重叠，炙煿成焦，味松酥而爽口，香四散而远飘”的描写。酒泉农村也有“二月二，龙抬头，家家户户摊煎饼”的习俗。

煎饼

3. 肉食：或煮或炒皆有特色

酒泉既有农区，又有牧区，肉食种类也很多，有牛肉、大肉、羊肉、鸡肉、狗肉、驴肉、兔肉等；肉食的特色也很鲜明，有卤肉、酱肉、腊肉、红烧肉、羊杂碎、炕羊肠、羊头煮麦子、鸡肉焖饼子等。

红焖肉

酱大骨

| 五香驴肉 |

据《本草纲目》载："驴肉味甘性凉无毒，解心烦，止风狂，补血益气，治远年劳损。"民间也有"天上鹅肉，地上驴肉"的说法。驴肉既是美食，又是滋补品，有着很高的美食和药用价值。在农耕文明的时代，驴是农民生产生活的重要帮手，拉磨拉碾，套车拉犁，一年四季都忙，农民根本就舍不得宰驴吃肉。如今，农业机械代替了牲畜的劳役，驴成了闲牲口，驴肉才重新走上了人们的餐桌，成为老少咸宜、四季皆可、食药两用的佳品。人们也说："要长寿吃驴肉，要活血吃阿胶，要体壮喝驴汤，要补肾吃驴鞭，要活百岁吃驴杂碎。"驴肉的吃法也很多。例如，驴肘板和腱子肉，可煮制五香驴肉；肥瘦相间的新鲜肉，可焖煮腊驴肉。骨头可以熬汤，驴肉可以烹饪火锅。煮熟的驴肉可以放姜葱蒜，和黄面一起吃，可称作驴肉黄面，也是酒泉和敦煌的一种特色吃法。

| 手抓羊肉 |

酒泉地处祁连山北麓，境内戈壁众多，因滩上有适于羊食用的大黄、野蒜、麻黄、蓬蒿、芨芨、白刺、沙棘、沙葱等多种草药、野草及野果，渴了可饮含有多种矿物质的山泉水，使这里产的羊肉含有不少纯天然的物质，有着别处的羊肉所没有的特色。酒泉的羊肉大体有三种做法：有煮羊肉时放了大量佐料的黄焖羊肉；有用生姜作底，清汤煮成的清炖羊肉；有用羊羔肉煮出的手抓羊肉。因做法不同，同样的羊肉也就有了不同的风味。黄焖羊肉的浓厚，清炖羊肉的香醇，手抓羊肉的细嫩，都是舌尖的美味，味蕾的享受。

手抓羊肉

| 羊头煮麦子 |

羊头煮麦子，顾名思义就是把羊头上的肉和精选的小麦经过加工煮熟，加入味精、细盐、生姜、花椒粉、孜然等佐料，盛在碗内，上面撒一些蒜苗、香菜，即为一种风味独特、人人喜爱的食物。贵客来访，要吃羊头煮麦子，以示高规格的接待；娶亲盖房，要吃羊头煮麦子，以示最热烈的祝福；过年过节，要吃羊头煮麦子，以增加喜庆的气氛。

据说，羊头煮麦子的来历，也是酒泉人过去的苦难生活给逼出来的。传说很早以前，有两家邻居结了亲家，但家境都很贫寒，没有好吃好喝的食物来给娃娃们办喜事。于是，男方家拿出了家里仅有的两个羊头，烫了又烫，洗了又洗，正好用来煮一锅香喷喷的肉汤。女方家拿出家里仅有的两升小麦，算是给女儿的陪嫁品。于是，他们把小麦淘净下进了羊头汤里，做成了别有风味的羊头煮麦子。娶亲送亲的客人们来了，一人一碗羊头煮麦子，吃了个爽快，就这样简简单单地把娃娃们的喜事办了个热闹。有民谣说：“吃了羊头煮麦子，亲亲热热一家子；吃了羊头煮麦子，胜过酒席七碗八碟子。”后来，也有牛头煮麦子、驴头煮麦子等，做工和风味大体一样。

| 鸡肉焖饼子（花卷）|

鸡肉焖饼子（花卷），就是宰杀肥肥大大的土种鸡，切成鲜鲜嫩嫩的肉块，调好香香美美的汤汁，擀出松松软软的面饼或制作成花卷而做成的一种美食。这种美食多在冬季食用，招待嘉宾，大方实惠、饼美肉香。生活造就艺术，同样生活也产生美食。酒泉人有节省食物、一丁一点也舍不得浪费的习惯。煮鸡肉怎能忍心让肉中的营养随着蒸气而白白挥发掉呢。于是，他们就想到在煮肉时，用饼子焖起肉来，让那些充满营养的气体和香味，全部渗进“软而不粘，薄而不碎”的饼子或花卷里面。一旦开锅，便清香四溢，营养成分全，是难得的滋补食品。因此，民间有“皇家的人参大补汤，顶不了农家的鸡肉焖饼子”的说法。鸡肉焖饼子是酒泉的特色美味，是酒泉高档次的食品。

鸡肉焖花卷

| 灌猪肠 |

灌猪肠，是酒泉人爱吃的小吃，宰猪时要把猪血接下来，拌以面粉、香油、香料，灌进洗干净的猪肠内，先放进汤中去煮熟，取出后切成薄片，用油再去炕炙。现炕现吃，热火油香，吃得爽口。也有炕羊肠的，做法大致与灌猪肠一样，美味也和灌猪肠相同，在农村中是人们喜欢的滋补食品。《故都食物百咏》中提到灌猪肠说："猪肠红粉一时煎，辣蒜咸盐说美鲜。已腐油腥同腊味，屠门大嚼亦堪怜。"

| 羊脂裹 |

羊脂裹，是肃州区洪水河人对羊肉的另一种吃法。洪水河的人如果想用羊脂裹来改善生活，或招待客人，从宰杀羊只起，就要做准备。先是选择年轻、肥壮的羊只，开腔破肚之后，要先把羊肚子上包裹的那一层油轻轻地扯下来，也叫揭了蒙肚油，这是羊身上最香最嫩最肥最细腻的一块脂坊。再把肥瘦相间的精肉剁碎，加以佐料，包进羊脂肪里，要用细绳子把脂肪包扎起来，或煮或蒸，出锅出笼，稍凉就切，薄厚均匀，大小合适。趁热食用，满口浓香。也可再用炕锅，边炕边吃，更是一种令人叫绝的享受。还有一种吃法，叫肠脂裹。主要是选料的不同，选择羊肠子上的脂肪，做法大体相同，口味也差别不大。

4. 风味小吃：以百味调百口

酒泉糊锅、凉粉、炒凉粉、酿皮子、灶干粮子、蒸粉、粉条子、担担面、饸饹面、油塔等，各式各样，各具特色。

| 酒泉糊锅 |

酒泉糊锅“看似粗糙，土得掉渣；吃得爽口，回味悠长”，堪称当地小吃一绝，尤其是老酒泉人最爱当作早餐吃，人称每日“第一吃”。据老人们讲，早年间酒泉市民的生活过得挺紧巴的，常常是吃了上顿愁下顿。偶尔改善生活，吃顿丰盛一点的美餐，吃剩的菜食，是绝对不倒掉的。第二天把各种剩菜剩饭倒在一起，再用淀粉做汤，就是全家人的又一顿饱食。清清稠稠、汤汤水水，酸酸甜甜、爽爽快快的“糊锅”就这样诞生了。后来，发展成为一种特有的地方小吃。如今的酒泉街上，到处都有卖糊锅的小店。

糊锅

糊锅的做法也很讲究：鸡汤熬制，淀粉做芡，粉皮、姜粉为辅，麻花、面筋为主。其特点是，鸡汤的香，淀粉的稠，姜粉的辣，麻花的脆，面筋的柔，都在一碗中，吃了神清气爽，精神倍增。

| 凉粉 |

凉粉，由面粉或豆粉制成，制法简单，主要调料有蒜、盐、醋、香油和辣椒油等。据《东京梦华录》载，北宋时期已有“细索凉粉”应市，距今有近千年的历史。酒泉凉粉品种繁多，不同的品种有不同的口味，不同的食客也能吃出不同的口味。由于制作考究，用料独特，既能充饥，也可下菜。盛夏时间，吃一碗酒泉凉粉，真是酥在口中，爽在身上，醒在大脑，诸味俱全，很有风情。

| 蒸粉 |

顾名思义，蒸粉就是蒸熟的面粉了。因形状似饼，也叫蒸饼。蒸粉以各种淀粉为原料，小麦、南瓜、荞麦、大豆面粉，都可制作。和面有讲究，先和软，后揉硬，再擀薄。上笼蒸熟，出笼后晾冷，再切成条状，拌上各种调料便可食用。为家常的冷食之一。

5. 节日食品：深刻的记忆

不同节日，酒泉人有不同的饮食和吃法。正因为如此，才有了每个节日的不同风味和不同习俗。

正月初一至初五，家中不动刀杖，不生灶火。迎接拜年串门的亲戚朋友要吃年前就准备好的麻花、油馃、油饼、糖果，喝过年酒。亲戚上门，也要提上自家做的油炸食品，请大家尝尝不同的手艺和风味。因此，农村中有“远近亲戚人情薄，总是油馍换油馍”的戏说。就这样，家家在欢欢乐乐的气氛中过个平安年。

正月十五元宵节，家家户户赏花灯吃元宵。街头巷尾，超市商店摆满了各式各样的元宵，串门走亲戚带礼品，买两盒包装精美、风味多样的元宵，也实惠大方，有招财进宝的寓意。

二月二，龙抬头。家家不忘两件事，一是男人们不管头发长短，都要讲究剪一剪，理一理，意思是让龙把头抬起来。二是吃煎饼。因煎饼又圆又薄又大，寓意“民以食为天”。

惊蛰，是北方农村的重要节气，酒泉一带就要开始春种了。人忙了，没有时间做好吃的了，只好吃个油炸鸡蛋喝碗油茶，也算开了胃口，就下地干活去了。

清明节，家家户户上坟扫墓。此时，正是种子发芽生长的季节，芽面的甜味最醇正。因此，城乡居民有吃芽面包子的习俗。

五月端午，是我国的一个重要传统节日，酒泉人习惯踏青游玩，采花插柳。人们最喜欢吃的食品是米糕、粽子、油饼，喝雄黄酒，互赠香包，把端午过得有滋有味，有色有香，有醉有梦。

八月十五，是我国的传统节日——中秋节，各地的风俗也不一样。酒泉人过中秋节时正是花好月圆、瓜果飘香的时节。人们赏月拜月，要吃月饼、点心、锅盔、葡萄、鲜桃、西瓜，喝药酒，赏桂花，过一个丰盛的节日。

九月九，重阳节，天高云淡，层林尽染，也是酒泉人的敬老节。这一天，年轻人要陪着老人游公园，赏菊花，看秋景，登高望远。这一天，要饮菊花酒，吃发糕、花糕，寓意老人步步登高，年轻人事业发达。

冬至节，数九寒天从此开始，白天也开始变长，民谚“过了冬至节，天长一针脚”。冬至节，一般人家都要吃荤食。农事节气讲究秋收冬藏，人体发育也讲究秋收冬藏，藏一身膘，藏一身精气神。

腊八节，也是冬天最冷的时候，白天又有所增长。民谚说：“过一腊八，长一杈把。”有冬至不吃素、腊八不吃荤的习俗，这一天要喝腊八粥，吃腊八豆，期待着来年五谷丰收。

腊月二十三，有小年之说，过了这一天，就到了年关节下。这一天，家家要进行祭灶神的活动。民谣“腊月二十三，灶干粮子献青天”，是说等灶神起身时，要带足一路上要吃的食物，上天言好事，为动烟火的人家降吉祥。

腊月三十，是一年中的最后一天，也是重要的一天，人们不敢打马虎眼。白天要吃饺子、长面，吃就要吃饱，这是一年最后的“装仓饭”，吃了要撑到新一年的到来。这一夜，全家人不能入睡，要坐到天亮，称之为守夜。现在，电视上有春晚节目，一家人一直看到午夜十二点，新旧年交替的钟声响过，也就放心地睡觉去了。

九、娱：闲情雅趣，事事乘兴

酒泉人也喜欢休闲娱乐，酒泉市政广场、东方广场、金塔航天广场、圆梦广场、玉门广场、瓜州玄奘广场、阿克塞广场、肃北广场，是人们游览、打太极拳、跳街舞、放风筝、拍摄、练歌、滑旱冰的好去处。酒泉西汉胜迹、观光生态植物园、酒泉桃花村、金塔杏花村，是人们郊游、观赏、散步的新景点。健身房、棋牌

城市街舞

室、酒吧、农家乐，遍布城镇，一般大宾馆都自带这些服务项目，为客人提供服务。随着生活方式的转变，生活水平的提高，人们休闲娱乐的时间也充裕了，休闲娱乐的方式也多了。再也不是“一日三餐求一饱，麻将桌前日月宽”，而是饮茶小斟，舞文弄墨，吹拉弹唱，郊游赏花，采摘尝新，走走拍拍，垂钓游泳，驾车周游，闲就闲出情趣，乐就要乐得开心，也是对人生境界的一种追求，对精神生活的一种充实。

饮茶浅斟　代替了过去“逢酒海饮，逢饮必醉，逢醉误事”的陋习。三五朋友相聚，知根知底，情投意合，以饮茶为主，清茗悠韵，图就图个雅静恬淡，栖神物外。家庭相聚，斟茶代酒，主客品茗，心气平和。随意漫步酒泉街头，儒林茶苑、一品轩茶楼、光明茶楼、天盛茶楼、天怡茶楼、可可咖啡馆等，尽管坐落于大楼丛中，但装潢考究，特色鲜明。如果入坐其中，也是茶香四溢，以啜以饮。以茶为神，饮者为仙。如果再或唱或咏，更使饮茶气氛韵雅意远。如果意犹未尽，再来两杯小酒，有点耳热面红即止，也不枉朋友间的一片盛情。

舞文弄墨　也不再单单是文人墨客的专属。更多的城市居民，文化程度也都不低，精神追求也都不俗，业余之时，退休之后，也都想培养自身的情趣，舞文弄墨地下一番功夫，练一手能拿到人面前的绝活，让左邻右舍和亲朋好友们都能开个眼，看个够。因此，业余写作的人越来越多，或写诗，或写散文杂感，或写长短篇小说，说是练笔。其实，开始起点虽低，但提高很快，微信上、公众号上、博客上，不时能看到他们不俗的亮相。也有人成了签约作家或网红作家，也有人在国内外的公开报刊上发表作品，令人士别三日、刮目相看。更多的人选择了书法绘画，或龙飞凤舞的书法作品，或浓淡相宜的绘画作品，时常出现在书法展上，也让人赏心悦目。

创意摄影　如今已是手机的天下，人人都把手机玩得得心应手，花样百出。其他功能不说，单就一个摄影摄像功能，就把大家都培养成了摄影家。走走拍拍几乎占据了大部分人的休闲时光，也可以说是一种休闲的方式。随拍随发，微信朋友圈、朋友群、快手、抖音，是他们练手与亮相的地方，粉丝们的点赞一波又一波，就是他们的快乐。一些摄影发烧友，还嫌手机不够用，又向专业摄影进军。器材越来越高档，有的一买就花三五万，甚至十几万，全天下的景色，哪里美，就往哪里跑。

郊游赏花　随着城乡建设的发展，远近风情越来越美。一年四时八节，都有开不败的鲜花，变幻着无穷无尽的美景。郊游赏花，就成了人们休闲娱乐的一种轻松而有趣的活动。春天有一望无际，开遍村庄、园林、田野、四郊的桃花、杏花、梨花、苹果花，看有艳色，闻有香馨。夏天有香气四溢的玫瑰、幽兰、月季。秋天有清波洗茎的荷花、莲蓬，经霜含露的秋菊、秋葵。或晴天的丽影，或雨中的清雅，人花共语，欣然同舞，风华竞美，身与物化，也是一种陶然；人格在花中升华，人品在花中凝练，人心在花中静养，也是一种涵养。

吹拉弹唱　在电视、手机普及的今天，那些喜欢戏剧，喜欢音乐的人们，可以在家打开电视，在戏剧频道上，看秦腔听京剧，哪段精彩听哪段。出门散步去了，打开手机中秦腔、眉户、民歌的视频和唱段，边走边听，也很惬意。但许多人还是喜欢自娱自乐，那些戏迷歌迷们，自搭班子，自备乐器，在街头、公园、小区，随便找处合适的场地，锣鼓一敲，二胡一拉；那些演唱者，人前一站，胸一挺脚一跺，就吼出了声。文唱《柜中缘》，武唱《金沙滩》，秦腔《铡美案》，眉户《梁秋燕》，唱一个气韵畅通，神清气爽，吸引着过路人驻足观看，也成了城市中的一景。

剜菜摘果　尽管人们的生活水平提高了，但还是喜欢到郊区野外，剜野菜摘瓜果，不是像生活困难时期那样为了果腹充饥，也不是为了忆苦思甜，而是为了调剂胃口，尝尝鲜，品品味，也

吹拉弹唱

是一种生活的乐趣。春季到来，野菜萌生，人们可在地埂边、水渠旁、阳坡处，剜摘鲜嫩的萝卜菜、黄花菜、苦曲曲、野苜蓿，回家淘洗干净，拌成凉菜，是上得了大雅之堂的食品，老少都喜欢。夏季，瓜果熟了，到农家园去游览，可以摘尝熟杏鲜桃新草莓，通过舌尖味蕾，也能品出一种农家特有的风味。秋天游田野，熟透的五谷杂粮更多，如果有幸吃一顿农家饭，那更是一种难得的享受和难忘的记忆。

垂钓野钓　酒泉虽然缺水，但也有许多湖泊鱼塘。那些喜欢垂钓的人们，把休闲的时光都消遣在了静静的水面上，享受着水漂动鱼上钩的乐趣。肃州区的四坝海子、清水河湾，金塔的金沙湖，玉门的玉泽湖，瓜州的双塔湖，都是垂钓者的乐园。一条小凳、一顶太阳伞，一根鱼竿，钩好诱饵，放开长线，就只等贪食的鱼儿来上钩。垂钓者必须具备三个基本功：一是坐功，要能坐得住，往往一坐就是一整天，要耐得住寂寞；二是眼功，不管坐多长时间，眼睛要始终看着鱼漂，打不得盹，也走不得神，一心想着垂钓之事；三是手功，一旦发现鱼漂有异常，眼到手到，立即提标拉线，不给鱼儿脱钩的可能。

自驾周游　现在年轻人几乎都拥有了私家车，为自驾游提供了便利。双休日、节假日、公休假，都是自驾游的好时机。市内的风景名胜都游遍了，更多人喜欢上了酒泉周边游。酒泉周边，向东是张掖，是美景密集之地，如黑河三峡、丹霞地貌、大佛寺院、湿地湖泊；向南有祁连山区、黑河源头、讨赖冰沟、素珠琏峰、洪水峡谷，再往南就是大美青海了；北有黑戈壁、巴丹吉林沙漠、额济纳旗胡杨林、策克口岸；向西有新疆哈密、吐鲁番等。有跑不完的路，看不完的景，听不完的故事。一趟周边游，有时虽然路途不顺，车马劳顿，但也满眼的享受，收获颇丰，何乐不为？

十、购：物以稀为贵，品品上乘

1. 工业品：一货比一货，没有便宜货

酒泉黄金、奥凯种子、富康家具、酒泉酒、夜光杯雕，阿克塞石棉、肃州脱水洋葱、酒泉番茄酱、玉门草制品，肃州生物制品、奶制品，瓜州锁阳制品，金塔铜精粉，肃北、阿克塞的民族工业品等，都值得大书一笔。

| 酒泉酒 |

酒泉不但有其名，也确有其酒。明清时期，酒泉一带就取祁连山流下来的泉水，用当地产的五谷杂粮，酿造蒸馏一种色白味烈的烧酒。酒市开张，酒旗飘动，也是城市中的一种风情，至今酒泉城里还有烧酒巷。酒泉酒厂，最初就是生产烧酒、兼营酱醋的小作坊。1981 年组建“汉武集团”，成为地方骨干企业，主营“汉武御”系列酒，现已推出 30 多个品种。其深藏“龙马宝穴”的

多年特色陈酿，取“其泉如醴”之意，冠名为“醴泉酒”。酒液清醇透亮，色泽绿中呈黄，举樽畅饮，当为上品。现在，全市有白酒生产企业 7 家，以“汉武御”“敦煌酒”“神舟酒”为主的各类高档酒，远销国内外。

| 酒泉黄金 |

酒泉黄金资源较为丰富。据《新唐书·地理志》载：酒泉“七十里有洞庭山，出金。”“土贡：麸金、野马革、苁蓉、柏脉根。”说明酒泉自古就是产黄金的地方，到了清代酒泉采金更广。改革开放以来，酒泉市黄金生产快速发展，已建成金瑞金矿、小西弓金矿以及一批金选厂。

| 酒泉水晶 |

金塔县野马井、阿克塞县大红山、瓜州县黄草滩西、肃北县咸水井和野马井一带都有一定储量的水晶。可分为：伟晶岩型，晶体为无色、茶色、墨色，以短柱状为主，个别晶硐内有少量宝石；热液石英脉型，晶体无色或呈烟灰色、紫色等，透明或半透明，呈柱状、板柱状、双晶状。

| 阿克塞石棉 |

酒泉境内石棉矿，主要产地有阿克塞县的红柳沟和安南坝，属大型矿床，初步探明石棉地质储量占全国储量的 45.9%。另一处为瓜州县的花南沟，属中型矿床。阿克塞县年产石棉30万吨以上，“阿棉”牌产品，远销全国各地。

2. 农林产品：一物胜一物，皆为珍贵物

酒泉自古就是瓜果之乡。也可以说，瓜州蜜瓜、枸杞，玉门人参果，肃州锦丰梨，砀山酥梨、苹果梨、白兰瓜，金塔葡萄，酒泉番茄酱等，都是酒泉拿得出手、夸得出口的产品，是外地客商喜欢掏钱、乐于享用和交换的著名特产。每年夏秋时节，瓜果成熟了，那种皮鲜黄、肉脆嫩、味甘美的果实上市了，成了中外游人争相食用的佳品。此情此景，往往使人想起古人的诗句：“露叶霜枝剪寒碧，金盘玉指破芳辛。清泉蔌蔌先流齿，香雾霏霏欲噀人。”“黄金为肤白玉瓤，沆瀣深贮甘且芳。雕盘初擘噀清雾，冰齿乍嚼流琼浆。”

| 酒泉花卉 |

酒泉花卉制种的精品，盆栽品种有：万寿菊、矮串红、翠菊、荷包花、高山紫莞、香福禄考、美女樱、花菱草、满天星、牵牛、柳穿鱼、小丽花、藿香蓟、五色菊、香豌豆、金鱼草、跳舞草、含羞草、少女石竹、美丽日中花等；芳香品种有：牛至、薰衣草、百里香、神香草、蒲公英、香囊草、罗勒等等；绿化品种有：金鸡菊、矮波斯菊、兔子尾巴草、重瓣松叶牡丹、单瓣松叶牡丹、绸缎花、金盏菊、切花香豌豆、雁来红、尾穗苋、虞美人、二月兰等；观果品种有：盆栽番茄、白蛋茄、观赏黄瓜、贝壳花、黑

制种花卉

种草等。可谓姹紫嫣红，争奇斗艳，美不胜收。

| 瓜州瓜 |

酒泉地处戈壁荒漠，绝大部分耕地属沙壤。气候干燥，日照长，昼夜温差大，有较好的灌溉条件，适宜各种瓜类生长，为全省乃至全国的优质产瓜区。据《汉书·地理志》载："古瓜州地生美瓜，长者狐入瓜中食之，首尾不出。"如今的瓜州已建成"中国蜜瓜之乡"，生产有皮薄、瓤厚、质沙、水分多而甘甜的西瓜；有汁多香甜，清爽可口、含糖量高的白兰瓜；有清香如雪里梅花，入口即化的小白瓜；有虽小，却品质佳，肉厚瓤白的"铁蛋子"；

有甘甜如蜜，清香如醇的黄河蜜。一种赛过一种，一种有一种的风味，一种有一种的特色。近年来，瓜州瓜盛销北京、天津、沈阳、长春、西安、广州、青海等地。

| 肃州梨 |

肃州是我国西北最大的优质梨生产基地之一，梨类种植面积广，品种多，质优味美，在国内林产品市场广受欢迎。品种有鸭梨、长把梨、软儿梨、苹果梨、冬果梨、香水梨、酥木梨、砀山酥梨、秋子梨、锦丰梨、早酥梨、神不知、贵妃、杭花等 50 余种，其中尤以锦丰梨、砀山酥梨、苹果梨为最。锦丰梨果肉细脆可口，酸甜适中，品质极佳。近年来，肃州锦丰梨已成为蜚声中外的优质果品品牌。

| 酒泉李广桃 |

酒泉李广桃，分为李广杏桃、李广水桃、紫胭肉桃和紫胭水桃，酒泉各地都有出产。李广杏桃，果实近圆形，果皮绿白色，彩色较少，质脆，成熟后剥皮难；果肉绿白色，肉质柔软，汁液较多，甜中带酸。李广水桃，与李广杏桃相似，但果肉为溶质，肉色白绿，近核处红色，离核或半离核；汁液较多、味甜，含糖 17.9%。紫胭肉桃，果肉黄绿色，肉质柔软，致密，汁液较多，品质上乘。紫胭水桃，果肉绿白色，近核处红色，肉质柔软微密，溶质，汁液较多，受人喜欢。

酒泉李广桃

| 金塔大接杏 |

主产地在金塔县，全市均有栽培。因果实不耐贮运，栽培数量不多。果面茸毛较多，果皮橙黄色，薄脆；果肉黄色，肉质柔软多纤维，味甜微香，汁液多，品质极优。为早熟鲜食品种，树冠高大，较耐寒。还有一种李广杏，在金塔县栽培也较多，分小李广杏和假李广杏。小李广杏，果面光滑无茸毛，底色橙黄，阳面有红彩斑，果皮厚脆，果肉橙黄色，质松软、多汁、味甜微香，品质中等；半离核，核圆形，甜仁，杏仁品质上等，贮运性能尚好，供鲜食。假李广杏，是李广杏的实生后裔，主要形态特征为幼果表面有茸毛，成熟果茸毛甚少或无，成熟果实的外表很像李广杏。

3. 中药材：一药赛一药，同样是灵药

走进大漠深处，人们会惊讶地发现，这里其实是中国西部的一个“大药谷”，数不清的中药材，以极其顽强的生命力，抵风沙，顶烈日，耐干旱，呈现出一种大漠奇观。在沙海当中，要谈论“绿色”这两个字，简直就是一种奢侈的想法。然而，就是这些中药材的生长，成了生命的一个个绿色符号，毫无掩饰地向人们昭示着某种希冀与企盼。

| 甘草 |

别名：甜草、国老、通落草。酒泉境内分布有三种甘草，即胀果甘草、黄草、光果甘草，广泛分布于各绿洲区域内的荒漠之中，生长良好，资源丰富，为甘肃“五大宗”输出药材之一。甘草入药历史久远，李时珍在《本草纲目》中所释：“诸药中甘草为君，治七十二种乳石毒，解一千二百种草木毒，调和众药。”并说它有坚筋骨、长肌肉、倍气力及解毒之功，能治五脏六腑寒热邪气与疮肿。《名医别录》说“甘草能温中、下气、止咳止渴、解百药毒”。

甘草

锁阳

别名：不老药、锈铁棒、锁严子、地毛球。各地戈壁、荒滩上都有分布。为常用中药，性味和。《本草衍义补遗》云："补阴气。治虚而大便燥结用。"《本草纲目》云："润燥养筋。治痿弱。"《本草原始》云："补阴血虚火，兴阳固精，强阴益髓。"

肉苁蓉

肉苁蓉的贵重，是它有着"沙漠人参"之称。苁蓉入药，有其神效。李时珍在《本草纲目》中写道："大芸（肉苁蓉别名）与羊肉煮食，可治五劳七伤，腹中寒热病，强阴益精髓。"《本经》云："主五劳七伤，补中，除茎中寒热痛，养五脏，强阴，益精气，妇人症瘕。"《药性论》云："益髓，悦颜色，延年，治女人血崩，壮阳，大补益，主赤白下。"

麻黄

别名：麻黄草。灌木，根茎木质发达，茎分枝，多丛生。肃州区下河清滩、玉门市昌马等地有零星分布。长着是柴是草，收之是药是宝。《本草正》载："麻黄以轻扬之味，而兼辛温之性，故善达肌表，走经络，表散风邪，祛除寒毒。一应瘟疫、疟疾、瘴气，凡足三阳表实之证，必宜用之。"

| 车前子 |

又名车前实，是一种富有诗意的植物，长在田间地头的众多沙生植物之中，虽不怎么起眼，但一入药就有不寻常的功效。据古药典《神农本草经》《本草经集注》《名医别录》《本草蒙筌》《本草经疏》等书中记载，车前子利水，清热，明目，祛痰，主治小便不通、淋浊、带下、尿血、暑湿泻痢、咳嗽多痰、湿痹、目赤障翳等。

| 艾草 |

鲁迅在《故事新编·非攻》中说："墨子让耕柱子用水和着玉米粉，自己却取火石和艾绒打了火，点起枯枝来沸水。"这种制作艾绒的艾草，适应性极强，只要是向阳而湿润的地方都能生长。《本草纲目》记载："艾以叶入药，性温、味苦、无毒、纯阳之性、通十二经，具回阳、理气血、逐湿寒、止血安胎等功效。"亦常用于针灸。

| 蒲黄 |

别名：毛蜡。多年生水生植物。广泛分布于绿洲池沼中，药用部分为花粉。性味及功能主治：甘平，入肝、心包经。功能：除热、行血、消淤、利水、炒炭止血。《奇效简便良方》："蒲黄炒黑研末掺入，治耳中出血。"

第三单元

游览酒泉：访古探今有看不完的美景

玲珑精美的魏晋双龙纹琥珀雕扣饰

1999年酒泉市肃州区果园乡丁家闸一带发掘西凉国尹夫人墓时，意外出土了一件圆形扣心、缘有穿孔的琥珀雕扣饰。此件很小，直径只有3.2厘米，但也线刻双龙纹造型，雕刻精细，造型生动，小巧玲珑，工艺精湛，质地莹透。出土时放置在墓主人『李超夫人尹氏』胸前，穿戴扣饰的棉线尚残存，为魏晋时期琥珀雕饰件中的上乘之作。绚丽的琥珀色，精致的双龙纹，象征墓主人生前身份高贵。此件现藏肃州区博物馆。

肃州卫（元肃州路，属甘肃行省）。洪武二十七年十一月置卫。（西有嘉峪山，其西麓即嘉峪关也，弘治七年正月扁关曰镇西。西南有小昆仑山，亦曰雪山，与甘州山相接。北有讨来（赖）河，东会于张掖河。西南有白水，又西北有黑水，东南有红水，俱流入白水，下流入西宁卫之西海。又东北有威虏卫，洪武中置，永乐三年三月省。）东距行都司五百十里。

——《明史·地理志》

十一、诗情画意品酒泉

【名家游记】从下午两点开始，我们参观位于城中心的鼓楼。鼓楼在位于招待所步行五分钟的地方，稳稳当当地坐落在一个十字路口的正中间。去年访问酒泉时，因无暇探访鼓楼，只是在其面前通过而已。酒泉城的介

鼓楼夜色

绍材料上，每每采用这座鼓楼的照片，毋庸置疑，这座造型古雅的小巧建筑物使酒泉古城大为增色。鼓楼高33米，上面的3层楼阁坐落在下面巨大的四方形石门上。石门高五六米，东西南北的通道在鼓楼下交汇，四面石门的上部中央各自镶嵌着“东迎华岳”“西达伊吾”“南望祁连”“北通沙漠”的巨大匾额。的确如此，鼓楼东西耸立着中华千里河山，西面通往天山东部南麓的绿洲——伊吾（现在的哈密），南面远眺是巍峨的祁连山脉，北面通向戈壁和大沙漠。

——日本井上靖《酒泉明月》

酒泉城区是酒泉市政府所在地，是全市政治、经济、文化中心。酒泉城历史悠久，为西北军事重镇之一。位于酒泉市东南部，东通中原、西到新疆、北至居延海的三岔路口，兰新公路由东向西横贯市区而过，是“丝绸之路”的交通要塞。酒泉城区设东南街、东北街、西南街、西北街、工业园区和新城区6个街道办事处、32个社区。城区地势自西南向东北倾斜，坡度0.5%~2%，为洪积扇和冲洪积平原，海拔1462米。城镇居民25万多人。

酒泉城内旅游资源有老城区、新城区、钟鼓楼、西汉酒泉胜迹、酒泉公园、北郊公园、航天公园、北大河风景带、博物馆、晋福禄城南门、药王宫、大法幢寺、夜光杯厂、酒泉书画院、大漠奇石馆、矿石展览馆、环幕影院、航空俱乐部、酒泉城区雕塑、酒泉仿古汉唐一条街、左公柳、富康天宝景区、常青花木植物园、肃州植物园和酒泉高新技术产业园区等。

| 风雨沧桑——酒泉城老城区 |

到达：东距兰州 708 公里，西距嘉峪关市 22 公里，北距金塔 50 公里。去兰州及中原地区有火车、高铁，去嘉峪关及金塔有城际公交车和出租车。

开放时间：全天。

门票价格：无。

九州方圆，雍州属地，古老酒泉，人文之居。酒泉城自古就是雄踞大漠，镇守边塞，镶嵌在古丝绸之路上的一颗耀眼明珠。据传说，禹分中国为九州的时候，酒泉属古雍州之地。在秦及先秦时期，酒泉一带虽没有形成城堡，但也先后为羌、氐、戎等古老民族的部落居地，月氏、乌孙、匈奴的争夺要地。西汉武帝时期，在河西“据两关，设四郡”。酒泉为四郡之首，与武威、张掖、敦煌一起，担起了保一方平安的行政职能和历史责任。汉时最初修建的酒泉城，毁于地震，荡然无存。

据史书记载：“福禄城，谢艾筑。”东晋时期，酒泉城也称福禄城。太守谢艾，组织军民再次修建酒泉城。由于人力、财力和物力有限，当时的酒泉城并不大，有后来的鼓楼，当时为谯楼，东城门之西的半个城池。据《重修肃州新志》载：“酒泉旧城，只有 3 里 317 步。”城垣土筑，东西宽 630 米，南北长 950 米，面积0.6平方公里，四条大街直连城门。

明代，酒泉城扩建。以东门谯楼为中心，又向东扩展了“4里80步”的新城。加上原有城池，全城“8.3里，城墙高2.5丈，厚1丈”。与别的城市不同的是，酒泉城只开东、南、北3座城门。东为“禄福门”，南为“金墉门”，北为“镇朔门”。就是没有西门。探其原因，有两种说法：一是说酒泉城的地势为西高东低，因防洪水入城，便没设西门；二是说把嘉峪关当作酒泉城的西门，更显得大气。另设月城3处，城楼3座。在城外开通了一条长“8尺宽、2丈深”的护城河。作为巡逻、瞭望、打更用的谯楼，已失去原有作用，一转身又与钟楼遥相呼应，担起了“晨钟暮鼓”的作用。明成化二年（1466年），在东关厢又续建了一座土城，担起了酒泉驿站的职责。明万历年间，全城墙体用砖包筑，使其更为坚固雄厚。明末清初，酒泉城经常闹水灾，山洪暴发，穿城而过，搞得民不聊生。为赈灾，人们又在鼓楼不远处修建了两座古塔,远远看去像是一个“牛头”,因此酒泉城又有了“卧牛城”之称。

民间有“先有崔家坟，后有酒泉城”的传说，其实是“先有酒泉城，后有崔家坟”。这是因为酒泉城建于汉代，崔家坟修于明代。大约在明代嘉靖年间,酒泉城有一家崔姓大户,出了个“护国大将军”，死后葬于酒泉城东门外的荒郊，并竖有“大明护国将军”的石碑。后来酒泉城扩建,崔家坟就被圈进了酒泉城。如此，说“先有崔家坟，后有酒泉东关城”，还是比较符合历史事实的。

现在的酒泉古城，街巷整齐，楼群密布，功能齐全，是酒泉人的主要居住区。主要看点：

一是商贸城。鼓楼四周及四条大街，主要有鑫利商城及超市、东方广场及商城、华润万家超市、东方大明步行商业一条街及超市、火狐狸超市、点式楼商业网点、义乌商城及超市，商家一家挨一家，店铺一处连一处，再加上密集的银行、电信、移动营业网点，是酒泉、嘉峪关及周边县市购物消费的主要去处。

二是汉唐美食一条街。在专署街和小西街交叉处，经过整体装饰，开辟为集各种美食与小吃，风味独特、清香袭人的美食街，

汉唐美食街

商家云集，门店相连。在这里口味重的人可以吃到精品砂锅、家常川菜、香辣牛肚、麻辣鱿鱼、孜然羊肉、胡辣羊蹄、鸡肉焖饼等；口味轻的可以吃连汤揪面、蒜拌碱面、小笼包子、麻腐饺子、浆水面等；还可吃到陕西风味的肉夹馍、𰻞𰻞面、裤带面。

三是仿古一条街。从东关十字以东到酒泉公园以西，为仿明清建筑的一条街，古色古香，也是商家林立、车水马龙的地方。最引人注目的是有与酒泉有关的古代名家的雕像及题诗。其中有汉武帝、王维、张骞、李暠、张议潮、李白、岑参、唐玄奘、左宗棠、沮渠蒙逊、裴矩、马可·波罗、张芝、班超等。

四是晋城门。原东晋时的酒泉城南门，明代扩修城池，此门

千年城门——福禄门

已废，就包裹在了新的城墙中间。到20世纪50年代城墙被毁，晋城门重新进入人们的视野。现在看，晋城门既不高大，也不魁伟；既无巍峨的城楼，也无厚重的门扇，甚至连个文字符号也没有，但其悠久的历史，也承载着城市的变迁。

五是风雨百年的酒泉三校。民国时期，酒泉先后创立酒泉师范、国立肃州师范、国立河西中学三所中等学校，俗称“酒泉三校”。中华人民共和国成立以来，河西中学已并入酒泉中学，酒泉师范与肃州师范合并为酒泉师范。作为酒泉的重要学府和河西名校，百年来为国家和地方培养了一批又一批有用之才。

百年名校——酒泉中学

丨高楼林立——酒泉新城区丨

到达：东距兰州 708 公里，西距嘉峪关市 22 公里，北距金塔 50 公里。去兰州及中原地区有火车、高铁，去嘉峪关及金塔有城际公交和出租车。新老城也有多趟公交。

开放时间：全天。

门票价格：无。

进入 21 世纪，酒泉撤地设市，提出“跳出老城建新城，建好老城带新城”的理念，设计规划和建设了新城区。新城区总规划遵循“以人为本、以水为脉、以绿为基”的设计理念，以“一轴四中心”为基本框架，即以世纪大道为主轴线，沿轴线形成行政文化中心、商业贸易中心、休闲娱乐中心、玉门油田基地中心。集政务商务、科教文卫、社会服务、休闲娱乐、居民住宅等 5 大功能于一体，绿地率达到 40%。

看点一：以“展翅欲飞”为设计理念的酒泉市政大厦。大厦于 2002 年奠基修建，2004 年 7 月落成，正式剪彩投入运行。酒泉市委、市人大、市政府、市政协等 4 大班子及其有关部门入住办公。这座位于酒泉新城区新世纪广场的 17 层大厦，外观呈现“U”字形，通体为玻璃框架结构，伟岸挺拔。与老城区的鼓楼遥遥相对，成为酒泉建筑的又一大亮点。

看点二：市政广场。位于市政大厦之前，其间生态园区、中心水景、音乐喷泉、花坛草坪、文化橱窗等错落有致，布局得当，凸显特色，是集市政、园林、休闲娱乐于一体的综合性广场。雕塑了铁人像、航天人像、飞天女神像以及乐伎群雕。广场两侧的12根文化柱，浓缩了酒泉历史文化和诗词歌赋。

看点三：世纪大道。酒泉新城世纪大道直通南北，在市政广场又环绕运行，连接了北大河景区和玉门石油新区。基础设施全部配套，大道两旁建成了世纪广场、市政大厦、国际会展中心、财政大厦、建设大厦、交通大厦、万达商厦、第六中学、市博物馆等一批标志性工程。

看点四：油城酒泉新区。2002年以来，按照“建设一个社区，营造一种生活，塑造一种环境，树立一个样板”的总体规划设计思路，玉门油田酒泉基地主要建成2座办公楼、锅炉房、换热站、保健中心、中学、小学、综合学校、幼儿园、职工公寓和牡丹园、玉兰园、兆祺园、怡静园、茗翠园、紫荆园、芳沁园和百合园8个居住小区，居民10338户。到2006年，玉门油田机关正式迁

酒泉新城区

入酒泉基地办公，现已与酒泉新老城区融为一体。

看点五：新型的工业园区。自2000年投资建设以来，酒泉高新技术产业园区20年的发展成就有目共睹，令人惊叹。原西苑、南苑，虽隔着滚滚的讨赖河，但砾石层层，荒草蔓蔓，一派荒芜，了无生机。如今南苑入驻了一批实力雄厚的国内外企业，形成了农产品精深加工、新能源装备、生物制药等6大主导产业。西苑担负起了新能源装备制造产业的重任。在这里入驻了400多家企业，崛起了大批“中国制造”，成就了震撼人心的“酒泉故事”。

| 千年鼓楼——揽尽人间风雨 |

到达：居于酒泉老城区正中。有1、9、18、4、2、15、22等路公交车与鼓楼绕行。

开放时间：全天。

门票价格：无。

明代，扩建酒泉城而修筑的鼓楼，因其高大雄伟挺拔，在当地民间有一种说法：“张掖有个木塔寺，离天还有三尺七；酒泉有个钟鼓楼，半截子戳到天里头。”然而到了清代同治年间，鼓楼却毁于战乱，荡然无存，使古老的酒泉少了一种地标性的文化建筑。

战乱结束后的1905年，酒泉各界集资重修鼓楼。按照新的设计，使整体轮廓下部厚重，上部尖锐高挑，呈金字塔型，青砖包砌的台基，高7.5米，底边长20.4米，周长97.2米，成为稳重的底座。券门高4.2米，宽3.4米。台基其上为3层木楼，一层比一层收缩，一层比一层秀丽，再在楼顶装置了一个宝瓶形饰物，通高超过了 33 米，有一种直刺青天的气势。仰观鼓楼，风姿绰约，高耸入云，气势壮观。

1985 年，省地县三级政府拨专款，鸠工维修。刘兴义《维修酒泉鼓楼记》载：复修窗棂隔扇，更易地板，撤换砖瓦，加固榫卯，正色彩绘。并复制“声震华夷”匾额，增添木刻楹联，使之浑一观之。格调古雅，风韵复返。我书八赞：“迎晨光之曦微，古郡嫣然正色；阅晚霞之夕阳，山川为之增光。黄鹄奋飞，白鹤云翔，博望含笑，定远回乡。去病勋绩不朽，季高功业永昌。碑铭方就，八韵既成，刻石以志，留观后人。”其看点有：

看楼体：一楼每面三开间，墙体中镶擎柱 12 根，外有檐柱 20 根，楼内 4 根粗壮的通天木柱顶贯三楼；二楼每面有 12 个雕花窗扇，嵌在 12 根擎柱之间，外有走廊栏杆，分别象征四季，象征 12 个月，合起来象征岁岁平安，四季祥和。三楼为单间、单檐、四面开窗、四角高挑，外有回廊护栏。

看浮雕：四面砖券门楣上的浮雕吉祥画，东为“二龙戏珠”，是取意“龙图腾”，象征威严而神圣。西镌“丹凤朝阳”，取意“凤文化”，象征“有凤来仪”“凤凰于飞”。南镌“河图洛书”，取意“河出图，洛出书，圣人则之”，象征大禹治水的功绩。北镌“八仙庆寿”，取意“吉祥喜庆”之意，祈望人寿年丰。

看门额：券门上各有砖雕仿木结构斗拱及门额。东门额曰“东迎华岳”，西门额曰“西达伊吾”，南门额曰“南望祁连”，北门

声震华夷

额曰“北通沙漠”。四幅门额言简意赅地说明了古代酒泉在中华版图中的战略地位和独特区域。

看古匾题词：基座门洞相交汇处，绘有古老的中华第一图“太极图”。楼基东侧漫道额曰“云路先登”。二楼东西两面各有木匾一块，东面由肃州拔贡聂吉儒撰书“声震华夷”，西面由酒泉太守汉南符瑞题“气壮雄关”，更为古城增添了几分威严的气势。

看楹联：

嘉峪西临，气势偕雄关并峙；
雪山南耸，叠嶂与檐牙争排。
虽非近水楼台，应先得月；
直对出关门户，可以观人。

气壮雄关

两千年前往事忆上心头，想当年，金戈铁马，翩翩勇将，少年英俊，风华正茂，捷奏河西，气宇轩猷，谈笑间，美酒倾杯碧玉流，与十万健儿同饮唱，如此高风统帅，赢得兵民嘉尚，无人不赞霍将军；

八百里外阳关似在眼前，看那边，玉砌银雕，皑皑祁连，起伏奔腾，叠峰重峦，红妆素裹，无比妖艳，更有那，晚霞浓抹嘉峪关，给中华大地添风采，这般壮丽河山，招徕远人游子，众口同夸酒泉好。

与鼓楼对称的还有一座钟楼，处在酒泉城西北角的一块高台地上的寺院内，居高临下，香火近绕，钟声远播，也有几分威严与神秘，后毁而无法复原。只留下《肃州八景》之一的“僧寺晚钟”遗址。

| 读不懂的天书——肃州回鹘文碑 |

到达：出土于酒泉东门，现存于肃州区博物馆。市内乘9路公交车，市政广场西侧下。

开放时间：每周二至周日，上午8：30—12：00，下午：14：00—18：00。

门票价格：免费。

酒泉访古，史海钩沉，有两块石碑虽然鲜为人知，但其背后却隐藏着一段惨烈的历史，古老的酒泉城为此付了血的代价。元代的酒泉城，城楼巍峨，大有边陲重镇、丝路要冲的险峻。人们奇怪的是东城门格外特别，门两侧镶嵌着两块花岗石的门边，上面直行书写着数十行龙飞凤舞的文字，像是一部天书，谁看了谁摇头，根本就无法认识。

世上的事就是这样，天书再难，也有遇上大学问家的时候。直到1943年，西北科学考察团去敦煌，途经酒泉时，考古学家向达慧眼识珠，为“死文字”找到了活出路，便一锤定音，首次译释其为回鹘文，提出当地政府应予以保护。

看碑文：1955年，整修酒泉街道，东城门被拆除了，两块回鹘文碑被拆下，这下才真相大白于天下。这块长236厘米，宽91厘米，厚29厘米的石碑，两面都有文字。正面是回鹘文，背面是汉字。后经专家辨译，碑上回鹘、汉文两种不同的文字，却记载着同样的内容。碑上刻写回鹘文字的那一面，因镶嵌在外，长期暴露，风吹雨淋日晒。再加上石质粗糙不一，软硬不同，已经出现了严重风化，大部分文字剥落殆尽，残缺不全，难以辨认。倒是刻写汉文字的那一面，因镶嵌在塔体内，避免了风吹雨淋日晒，得到了较好的保护，大部分字迹大都完好。

……太祖皇帝，御驾西征，天戈一挥，五郡之民，披云睹日，靡不臣服。时有唐兀氏举立沙者，肃州阀阅之家，一方士民咸受感化。举立沙瞻圣祖文武之德，起倾葵向日之心，率豪杰之士，以城出献。又督义兵，助讨不服，忘身殉国，竟殁锋镝。太祖皇帝，衿其向慕之心，悼其战死之不幸，论功行赏，以其子阿沙为肃州路世袭乜可达鲁花赤，以旌其父之功。宪宗皇帝赐以虎符。世祖皇帝愈加宠赉，升昭武大将军，迁甘肃等处宣慰使。阿沙二男，长曰剌麻朵儿只，次曰管固儿加哥。剌麻朵儿只先受奉训大夫、甘州路治中，又升奉议大夫、肃州达鲁花赤。……

看历史：公元1226年，元太祖成吉思汗，率蒙古骑兵，西征归来，讨伐西夏。蒙古军队先是攻打瓜、沙两州，结果遭到伏击，无功而返。于是又掉过头向东奔来，转攻肃州。肃州作为西夏重镇，重兵把守。铁木真重兵围城，结果遭到城内军民的奋力反抗，战争陷入了僵持局面。

就在这种城毁人亡的危急时刻，酒泉城内有人挺身而出，拼死打开了紧闭的城门。这个人就是居住在酒泉城里的唐兀大户举立沙。城门一开，蒙古军队像洪峰一样的压进城来。举立沙也在战火中死亡。但在元军看来，举立沙为开门献城的功臣，其106户亲属免死，归其田业，给予优待。他的儿子阿沙，被封为肃州的达鲁花赤。用一座血洗的酒泉城，换来了一个世袭罔替的“铁帽子王”，前后享受了长达135年的荣华富贵。是功绩还是罪责，是荣耀还是耻辱，只有历史来评说了。

血雨腥风，这是酒泉城最为惨痛的一页。至元二十七年（1290年），已经过去了34年，酒泉城才有所恢复，但全城也仅有8700人。除肃州为达鲁花赤驻地外，下河清皇城、文殊山，金塔王子庄，玉门赤金、布隆吉尔、沙洲等处皆为元朝大小诸王的驻地。

酒泉回鹘文碑，铭题为“大元肃州路世袭达鲁花赤世袭之碑”，刻于至元二十八年（1291年），立于元顺帝至正二十一年（1361年），立碑人为唐兀族人善居。不管立碑者善居为何人，也不管出于什么目的，尽管全文充满了颂扬举立沙的溢美之词，但也记载了一段惨烈的历史。当然，酒泉回鹘文碑的珍贵，并不在于那些廉价的溢美之词，而在于它是研究和考证酒泉城那段惨痛历史和回鹘文的重要实物资料。

丨白玉之精——酒泉夜光杯生产基地丨

到达：酒泉鼓楼东第一个十字右侧（民意街2号）。市内乘1路、9路公交车，鼓楼东下。

开放时间：8：00—17：30。

门票价格：免费。

何谓“夜光杯”？《辞海》释：“用美玉所造的酒杯。”汉代东方朔《海内十洲记》载：“周穆王时，西胡献昆吾割玉刀及夜光常满杯。”从此夜光杯名扬千古。唐代著名诗人王翰的传世佳作《凉州词》写道：

葡萄美酒夜光杯，欲饮琵琶马上催。
醉卧沙场君莫笑，古来征战几人回。

酒泉夜光杯，用料讲究，工艺独特，雕琢精致，风格多样，造型优美。纹理纤细，质地细腻，色泽天然。有晓日曈昽的光亮，花影徘徊的澄明，风逼微寒的灵动，天染云断的娇秀。美酒入杯，更能映幻出无穷的意境，有时透如明月当轩，有时淡如碧水黄沙，有时醇如雪意初浓，有时俨如珠露凝霜。不同的饮者，不同的心情，就能体味出酒泉夜光杯的不同风情诗韵来。

夜光杯的生产，历史悠久。相传在西周时代，西域各国每年都要向周朝进贡，各种进贡品中，用和田玉生产的夜光杯是上乘之品，西周贵族十分喜欢珍藏，以显示其高贵的身份和特殊的地

玉雕产品

位。一些商家也看准商机，源源不断地将大批西域夜光杯远销中原，自然是收入颇丰。然而路途遥远，运输起来很困难，不管车载马驮，都得长途跋涉，翻山越岭，车马劳顿不说，尤其是夜光杯容易破碎，损失很大，商家们很是头疼。为了减轻路途劳顿和夜光杯的损失，他们把目光转向酒泉，因为祁连山中也产美玉，质量并不比和田玉差，于是酒泉城就成了夜光杯的重要产地。

最早在汉唐时期，酒泉夜光杯的生产与销售就有了相当规模，不仅保证了西域各国向周朝的进贡，也投放市场，远销丝路各国和中原各地，声誉很好。明末清初，是酒泉夜光杯生产的鼎盛时期，上山采玉，送玉出山，城里加工，商家销售，形成了配套体系。仅酒泉城里以生产夜光杯为主的玉器厂，就有一二十家，从艺工匠也多达一两百人。到了民国的兵荒马乱时期，酒泉玉和夜光杯的生产也濒临绝境，惨淡经营，一派萧条。中华人民共和国成立前夕，酒泉城的玉器作坊大批倒闭，玉石匠人四处讨生，全城只有三个人艰难维持着夜光杯的制作。1956 年，新成立的酒泉夜光杯厂，招募员工，增添设备，改进工艺，扩大生产，使酒泉夜光杯又出现了新的生机，无论数量和质量都有了很大提高，基本满足了市场的需要。毛主席和周总理先后接见过酒泉夜光杯厂的老艺人，郭沫若题写了“酒泉夜光杯”的名字。叶剑英元帅为酒泉夜光杯赋诗：

风雨关山访古来，评泉品酒看光杯。
班超不解安邦计，定远端从睦远开。

1958 年，酒泉夜光杯厂改为酒泉工艺美术厂，经过几十年的发展，酒泉工艺美术厂已成为酒泉夜光杯的生产销售基地。如今夜光杯的生产已由机械生产代替了手工生产，品种已由传统的

酒泉夜光杯

酒泉玉“将军壶”

夜光杯发展到了生产各类玉器、玉雕、玉刻，品种繁多，琳琅满目，美不胜收。市场上受人们喜爱的品种有平底夜光杯、高脚夜光杯、仿古爵杯、玉石酒具、茶道杯、仿古风尊、仿古马踏飞燕、玉碗、鸳鸯转心壶等，既是杯具，具有实用价值，又是工艺品，具有观赏和收藏价值。

| 金银有价玉无价——酒泉玉和观赏石 |

到达：祁连山腹地，距离酒泉城100公里左右。天宝景区在酒泉富康购物中心。去祁连山须专门安排车辆。去天宝景区有18、27路公交。

开放时间：天宝景区8：00—17：00。

门票价格：天宝景区，本地游客75元，外地游客100元。

在河西一带，自古就有“金张掖，银武威，金银不换玉酒泉”的说法。玉酒泉，是说酒泉地处玉石之路的重要地段，山中产玉，河中出玉，玉销各地。玉比金银还贵重，民间也有“金银有价玉无价”之说。《重修肃州新志》记载：“酒泉玉石，一名噶巴石，出红水坝河内，乃石之似玉者。有菜色，有白色，深碧浅绿，俱可琢器。治之者，取山丹回回砂磨之。”

看点一：玉石之精。现代科学研究表明，酒泉玉富含铁、铬、钙、镁、锌、硒等人体所需的多种稀有元素。长期使用，有益健康。中医学古籍称：“玉乃石之美者，味甘性平无毒。”吮含玉石能“生津止渴，除胃中之热，平烦懑之气，滋心肺，润声喉，养

酒泉天宝“根雕人像”

毛发”。《本草纲目》称玉可“安魂魄，疏血脉，润心肺，明耳目，柔筋强骨”。20 世纪 90 年代，《酒泉人文地志》又从地质学的角度作了说明：“噶巴石，变质岩之一，单斜晶体，为蛇纹岩中的岫岩玉，其质地优良，结构致密，软硬适度，有光泽。颜色鲜艳，有墨玉、黄玉和碧玉。酒泉南山红水坝河床中富有，为制夜光杯原料。”清代编纂《重修酒泉新志》的沈青崖，曾写《噶巴石歌》一诗，赞美了酒泉玉的特色。

雪山西峙万余里，于阗秀结葱岭起。
绿玉白玉分两河，迤逦钟灵酒泉止。
红水坝前溪水清，邻邻石卵排牙齿。

嫩黄深碧间松花，性质坚凝莹肌理。
呼童鞴马恣穷探，解衣泅水沉潭底，
巧伺骊龙睡未醒，犀分潜入蛟宫里。
一拳击倒波斯胡，瑎然跃浪颜色喜。
抱持归来夸玉工，琢磨旋用宝砂洗。
徐看剖蕴敌连城，赏玩蓝田差欲拟。
若今有胫走市朝，浮筠无光委然耻。
嗟予未覿希世珍，偶遇璀璨双目眯。
琮璜重器廊庙陈，那许形色粗相似。

由此，我们知道，酒泉玉是地球造山运动中，打造祁连板块的时候，用高温气体和溶液，把橄榄岩炼成了半透明的蛇尾纹石。因其产地，被称为酒泉玉、肃州玉或祁连玉、噶巴石。

酒泉玉的开采，历史悠久。远在新石器时代，人们在学会了打磨各种石器的时候，就在茫茫祁连山中，发现了极其难得的酒泉玉，并开始加工各种玉器，如玉琢、玉镜、玉珠、玉璧、玉环，为人类的生活增添了玉文化的元素。

看点二：奇石之美。酒泉奇石资源丰富，类型多样，质地优良，很受奇石经营者和爱好者的喜爱。石种有浑厚古朴的酒泉彩玉，瘦漏皱透的风砺石，纹理天然的祁连彩石，巧夺天工的浮雕石，火炼石融的硅化木，原始天成的矿晶体，无不是大自然造就的艺术珍品。随着寻奇石、赏奇石、购奇石、藏奇石队伍的不断扩大，各种交流、交易、研讨活动也日趋活跃。肃州区的东洞、西洞等沿山农民，以石为业，家家都珍藏有无数奇珍异宝，待价而沽，收入颇丰，成为远近有名的奇石村。在西郊工业园区，修建了“酒泉奇石博览苑”，小石头也有了大市场。酒泉富康购物中心，亦商亦石，打造了有数千种美石的“中华奇石第一街”和上万件精品结晶的“天宝景区”，为中国最大的赏石文化景区，国家AAAA级景区。也是首个“赏石艺术”国家级非物质文化遗产传承和保护单位。

酒泉天宝“沙漠玫瑰奇石”

| 湖光潋滟——酒泉公园 |

到达：酒泉城东2公里。进南门可乘9路公交车，进北门可乘4路公交车。

开放时间：4月16日—9月15日：07：00—21：00；

9 月 16 日—次年 4 月 15 日：08：00—20：00。

Ⓢ 门票价格：免费。

古代酒泉，也称“金泉”。在酒泉城东，距鼓楼两公里。汉东方朔《神异经 · 西北荒经》载：“西北荒中有玉馈之酒，酒泉注焉。广一丈，深三尺，酒美如肉，澄清如镜。”东汉应劭注《汉书·地理志》云：酒泉郡“城下有泉，其水若酒，故曰酒泉。”东晋《十三州志》云：“有人饮此泉水，见有金色，照水往取，得金，故名金泉。”唐颜师古曰：“城东北里许，有金泉，其色黄，挹而尝之，略似酒。”《西河纪事》也载：“古时，有人到泉边取水欲饮，见有金色从水中出，取而得金，故曰金泉。”“是金泉即酒泉也”。《重修肃州新志》云：“酒泉城东北一里许，有金泉，其色黄而尝之略似酒味，以名郡。又旧志云：涌出清水，碧澄北流，人疑为酒泉。在崔家庄侧，故又名崔家泉。”从这些史书典籍中，可以看出，是因为城下有金泉，其味如酒，才叫了酒泉。

当然也有民间传说。传说西汉骠骑将军霍去病两次率军征战和收复匈奴，因战功卓著，汉武帝十分高兴，奖赏了两坛美酒。霍去病便倾酒入泉，三军共饮，极大地鼓舞了士气。因此，有了酒泉之名。

原本的酒泉，水自流出，形成湖泊，芦苇丛丛，野鸭出没。至多有周围的农家引水浇地，耕种庄稼，再没有多大的用场。清代乾隆六年（1741 年），肃州分巡道，鸠工修建酒泉公园。诗人沈清崖在《酒泉亭记》中写道：“泉在东门外里许，东北流二十

渔伴晚舟

里，灌花寨田十五顷。半亩澄潭，一汪绉绿，败苇褵褷，枯杨零落，鸦噪晚晖，犊眠浅草。浸塞云而惨淡，映汉月而凄清。过客对之，毋亦有黯然神动者乎？乃谋于众，醵金葺之。泉北培沮洳，建大室，下作涵洞以泄水。泉南建六角虚亭，以厅事三楹，左右回廊，通于耳室，周遭浚湖为沟塍，树桃柳百株于短垣之外；垣外别有泉窦数处汇流。”这就是酒泉公园最初的修建与规模。

清代乾隆二十七年（1762 年），肃州知州对酒泉公园再次进行了整饬重修，新建了楼台、月门和牌坊等景点。可惜，酒泉公园在战乱中被毁。同治十二年（1873 年），左宗棠动员酒泉军民，捐银集资，重修景点，更名为“泉湖公园”。中华人民共和国成立以后，又更名为“酒泉公园”，不断予以整修。新修了湖心亭和水榭、石舫、曲桥、茶亭、花室、游艺场、动物园，恢复了月门、长廊，移建了牌坊，堆起了假山，园内景色不断更新。主要看点：

“诗情画意”。《甘肃古迹名胜辞典》写道：“花草铺地，古木参天，亭台楼阁，曲桥长波，一派旖旎风光。湖心亭、九曲桥、假山、石舫、葡萄廊无不充盈诗情画意。夏日轻舟泛桨，碧波荡漾；冬寒‘胡旋’溜冰，飞燕翱翔；端阳踏青，秋高饮酒、弄丝竹之音，赏鲜花之娇，莫不令中外游客雅兴盎然，驻足怡情。”

“湖面烟波”。泉水溢出，注而成湖，泉湖一体，浩波荡漾，可称大漠中的一片秀景。景在塞北，情似江南。柳荫岸与水回，九曲桥随波转。右岸的“烟云深处”景观，微波轻动，水风长在；左岸的“芦伴晚舟”景观，疏影挂月，淡光笼烟。湖岛波拥浪拍，亭榭绿树团抱，给人以水环风佩之感。

雪压金泉

“金泉流韵”。金泉原有三眼，泉水清澈，甘之如饴，烈之似酒。现存泉中，碧水如脂，沉静如镜。泉水成泡，恰似珍珠，一串一串地向外涌出，也成一大奇观，让人驻足观看，久久不肯离去。此时，如果抛下硬币，水泡晃晃荡荡喷出，硬币飘飘摆摆地落下，粲然可见，人称“摇摆币”，也是一大情趣。

“浩气英风”。如果从北门进到公园，首先映入眼帘的是清代牌坊，“功昭日月”“浩气英风”的大字镌刻在上，彰显了汉武雄风、骠骑武功、张骞凿空、左文公植树的历史功绩。

“古碑风采”。古酒泉旁，《西汉酒泉胜迹碑》典雅而宁静。正面书“西汉酒泉胜迹”6个大字，落款：清宣统辛亥三年三月，安肃兵备使者廷栋立。背面书“酒泉古称金泉，相传有人于此饮水得金而名。世传西汉骠骑将军霍去病出师抵御匈奴屡建战功，驻兵于此，汉武帝赐御酒，遣使犒赏。将军以功在全军，酒少人多，乃倾酒入泉，与将士取而共饮，遂称酒泉。又云其泉如醴，故曰酒泉。是泉水味甘洌，澄清如镜，永无干涸，冬不结冰，水汽蒸腾，状如云烟，蔚为大观，素负盛名”。

| 祁连澄波——西汉酒泉胜迹 |

到达：酒泉城东2公里。进南门可乘9路公交车，进北门可乘4路公交车。

开放时间：4月16日—9月15日：7：00—21：00；9月16日—次年4月15日：8：00—20：00。

西汉胜迹秋容

Ⓢ 门票价格：免费。

2004年，由国家发改委投资立项，地方政府又自筹资金，在酒泉公园的基础上，将人文历史和现实的地形地貌结合起来，打造了“西汉胜迹”新景区。以西汉胜迹为主题,体现“登高念远，怀古思今”的情调；以古泉流水为基调，体现“烟草池塘，波动遥峰”的意境;以碧湖秀水为蓝本，体现“绿澜潋滟，澄涛拍岸”的思绪；以野苇横舟为风趣，体现“屏山斜展，草色栖萤”的感悟；以云霞烟雾为背景，体现“欲叹还惊，细雨轻盈”的空蒙；以亭月弄水为意境，体现“波前无人，雨中留影”的幽情；以曲苑秀餐为美味，体现“一樽美酒，一轮皓月”的情结；以功昭日月为本源，体现“古木幽深、牌楼轻飏”的深远。是一座大气包举、想象飞腾、意境深邃的大汉古典园林。

看点一：汉武广场。青灰厚重的色调，象征秦砖汉瓦，以此而修建的一对单出子母阙的大门，坐北向南，统领着西汉胜迹的所有景点。走进这座大门，就进了汉武广场，给人以犹如梦回长安的感觉。黑色金沙铺就的汉简，就像展开的一部《史记》，以编年形式，用刀锋似的苍凉汉史，记载了汉武帝的生平大事。酒泉的地理方位和地域特征，一目了然。

看点二：神明楼与神明桥。这里是人们左顾右盼的地方，一座仿汉建筑横亘于前，楼为神明楼，桥为神明桥，是西汉胜迹的过渡带，前广场，后长廊。欲往景区深处，必须从这里拾级而上，流连一番，略为停顿，便径直入内，新的景点又扑面而来。

看点三：河西四郡浮雕。象征汉武帝“据两关，列四郡”的历史大战略的四方玉纹图案的浮雕，顺着一条长廊，有序排列。第一方为“汉武扬威”，体现着大汉帝国的武功军威和武威郡的强盛有力；第二方为“张国臂掖”，显示了汉代的开放包容和张掖的通畅顺达；第三方为“玉酌酒泉”，表达了古代玉石之路的繁荣和酒泉的富足；第四方为“盛大敦煌”，象征了敦煌的古老与辉煌。四方浮雕间，又安放了三方墨玉石雕，分别为卧牛玉纹、神鹿玉纹和神人玉纹，取材于酒泉卧牛城、敦煌九色鹿和肃州羽人的传说故事。

看点四：霍去病西征雕塑群。截取了汉代骠骑将军霍去病率军远征河西的大事件中的三个场面。“出征”，象征了将士们抱着视死如归的信念和决心，踏上了悲壮征途的场面；“鏖战”，象征了两军相遇，战鼓声声，拼死征战，夺取胜利的场面；“庆功”，象征了战争结束，尽管硝烟还未散尽，但胜利归来的将士们，在庆功宴上，痛饮皇帝御酒的欢腾场面。

看点五：咏泉印壁浮雕。在古酒泉旁有一块巨大的大理石斜壁，上面镌刻了“天钟其灵”四字。寓意为方寸之间，含纳了天地灵气。围绕这四个大字，又摆布了数十方秦章汉印，技艺成熟，制作精巧，为酒泉胜迹增色添韵，也是难得的一景。

咏泉印壁

引得春风度玉关——酒泉左公柳

到达：酒泉公园内。进南门可乘 9 路公交车，进北门可乘 4 路公交车。

开放时间：4 月 16 日—9 月 15 日：7：00—21：00；9 月 16 日—次年 4 月 15 日：8：00—20：00。

Ⓢ 门票价格：免费。

人们都说，酒泉城里的那些合抱巨柳，就是当年威震边关的“左公柳”。是耶，非耶，年代已久，无法考究。倒是这些巨柳，高大的树干，撑天拄地；厚密的树冠，铺天盖地，直撑青天，颇具大将风度，酷似守边的卫士。一缕缕细枝柔叶，飘飘摇摇的，像是美人的秀发，在风雨中摇曳，上遮骄阳，下覆地阴，一伫立就是 140 多年，历尽风雨，昭示了生命的强大和坚韧。同时，左宗棠也真的率部队在酒泉一带植过不少的树，还留下了许多种树、爱树、护树的美谈。从这些角度来说，称之为“左公柳”，也不枉其名。其看点：

其一，公元 1867 年，身为晚清军政大臣、湘军统帅之一、洋务派重要代表人物的左宗棠，在镇压了太平天国起义军之后，连气都没有喘过来，又奉命为钦差大臣，率领他的湘军，马不停蹄地转战大西北。在此期间，前后历经 10 余年，从西安出发，经六盘山，过黄河，横穿河西走廊，到天山下，开拓和修筑了一条军运大道，后来人称“左公大道”，并动员军民植树造林。他曾给全军将士下达命令，在这条绵

左宗棠手迹

左公柳

延数千里的驿道两旁，凡可栽树的地方，都必须栽上树木，并且身体力行，指导示范。军队开到哪里，道路就修到哪里，树木也就植到哪里。这就是“左公柳”的由来。

其二，大漠深处，干旱缺水，草木在这里生长极为不易，种植高大的杨柳就更为困难。多少次，人们植下的绿色希望，总是被无情地化为乌有。生与死在这里是一个可怕的界限。然而，死并不代表失败，而是生命的最初信号。当年，左宗棠发动兵力在大漠种树，为戈壁播绿，是一项巨大的工程，绝不亚于收复新疆的战争。至今在民间还流传着左宗棠植树的许多美谈。被称为塞

古柳牌坊

外江南园林的“泉湖公园”，就与左宗棠有关。是他自捐重银，疏浚湖泥，置亭搭桥，栽花种树，修葺了一处别具一格的园林，人称“泉湖公园”，后改名“酒泉公园”。

其三，左宗棠也清楚地知道，种树难，而种树之后的护树更难、更艰巨，为此，他曾定下制度 ：“护树者奖，毁树者罚。”酒泉城里有个妇孺皆知的故事，是说一次左宗棠微服出巡，发现一些乡民并不爱护树木，毁树伐树的事经常发生；为了起到“杀一儆百”的效果，他下令把一头啃坏树皮而无人看管的毛驴，拉到酒泉街上，像审犯人一样，当众开庭，判明罪状，当场杀死，悬首示众。并且当众宣布 ：“今后，凡管理不善，让驴啃了树者，一律人驴同罪，同审同判，格杀勿论。”一时左宗棠酒泉斩驴护树之举被传为佳话，威震城乡。其实，后来再未发生过因损树而斩驴斩人之类的事，但种树爱树护树成了酒泉人的一个优良传统。

其四，如今百年匆匆而逝，作为一个褒贬不一、毁誉参半的历史风云人物，左宗棠的事迹只能散见于史书，任人评说。而唯有甘新遥途上，零零星星散落的“左公杨”“左公柳”，以苍老的身影，在诉说着他当年的戎马征程。“大将筹边尚未还，湘湖弟子满天山。新栽杨柳三千里，引得春风度玉关。”这是左宗棠的同乡、同僚杨昌浚于 1876 年来甘肃，看到千里河西杨柳夹道、绿树成荫，有感而发，写下此诗。就是这首七绝诗，每每使人们即景生情,对“左公柳”更加肃然起敬。清代诗人肖雄《左公柳》云：“千尺乔松万里山，连云攒簇乱峰间。应同笛里迎亭柳，齐唱春风度玉关。”

| 大地醍醐——讨赖河北大河景观带 |

到达：酒泉城北。市内乘 1 路、2 路、21 路公交车前往。

开放时间：全天。

门票价格：免费。

世界上几乎所有的城市，不一定要依山而建，但必须傍水而居。城市与江河湖海，总是融为一体，水是城市的灵魂与气脉，城市是水的载体与作品。就是深居内陆、偏居大漠的酒泉，也离不了祁连雪的滋养，离不了讨赖河的补给。

古今有名的讨赖河，也是十分匆忙的河流，就是在河西走廊，它东不如黑河，人家有“弱水三千”之名，有浩瀚无际之势，而讨赖河冲出祁连山，悄然汇入黑河，成了人家的一条支流；西不如一路向西，敢闯遥远的罗布泊的疏勒河，它不及人家的气势和胆量。但也在短短两三百里的行程中，穿峡出谷，走沙涉滩，翻山过湖，留下了属于自己的一方天地，带来了酒泉、嘉峪关、金塔两市一县的灌溉之利。

为何叫讨赖河？有人说是因发源于祁连山的讨赖南山，俗以山命河，故称讨赖河。也有人说，“讨赖”者系蒙古族语言，意思是胡杨，因河流下游曾出现过片片胡杨林，景色极为壮观，故以树冠河。不管怎么说，人们总认为讨赖河的名字有点神秘，似乎还隐藏着许许多多鲜为人知的故事。人们也发现，讨赖河是一条多彩的河流。喷出祁连峡谷的河水，冲巨石，碰崖体，乱石铺底，回流迸发，卷起阵阵白色的浪花。随后，洪水河带着一层淡淡的红色，清水河裹着一层浓浓的绿意，分别于临水和银达汇入讨赖河。所以古时称洪水河为红水，清水河为绿水，讨赖河为白水。三水相汇后，水势收拢，河中就出现了一道红，一道绿，一道白的奇观，真可谓泾渭分明。

酒泉当地也有种种关于讨赖河的传说故事。最为普遍的是说，酒泉南有祁连主峰，巍峨挺拔，高耸入云，人称南山；北有马鬃山的余脉，低矮荒凉，了无生机，人称北山。然而，早在地球造山运动之初的情形并不是这样，而是两山相约，同时隆起地面，同时向上生长。因此，成了一对难分高矮的亲姐妹。后来，不知什么原因北山妹妹狂长了起来，比南山姐姐高出了许多，显得高大无比，陡起于天地之间。一天，天上坠下了一团熊熊燃烧的火球，不偏不斜，不前不后，正好落在了美丽的北山上。这场天外来火，从白天烧到黑夜，从夜晚烧到天亮，从山上烧到山下，从山前烧到山后。烧得岩焦石化，烧得灰飞烟灭，烧得天昏地暗。多亏了南山向玉帝求情，取来太古积雪才把大火浇灭。南山感到痛惜，终年头顶白雪，以示对北山的永远悼念。由此，讨赖河成了酒泉一景。

如今，整理一新的北大河景观带，观赏水面清澈见底，风平浪静，水鸟飞落，栈道相连；溢洪水道，水急浪涌，惊涛拍岸。同一条绕城而过的河流，动静相宜，景色宜人。西有丝路公园，

北大河之夜

中有体育公园，南有滨河公园，东有风车广场，北有北郊公园、植物园，连成一条绿色长廊。柳丝飞扬，野花绽放，溪水长流，小道相连，河岸远去，长桥横卧，是市民散步、郊游、起舞、放歌的活动之地。为了连接酒泉城南北两岸的交通，先后修建了铁路大桥、高铁桥梁、高速公路过境大桥、势控酒嘉的金河大桥，酒泉人称的北大桥、西大桥，酒银大桥、酒航路大桥、肃航高速路桥梁，一座座跨河而卧，大有“桥下水浪高，桥上车流急”之势。

| 金凤起舞——酒泉火鸟城雕和凤凰城的传说 |

到达：酒泉城福华市场一侧。市内乘 3 路、27 路公交车，可车览景观。

开放时间：全天。

门票价格：免费。

一个城市有一个城市的文化血脉，一个城市有一个城市的文学地标，一个城市有一个城市的图腾崇拜。酒泉城，作为古代的“凤凰城”，不仅仅在于它有区别于其他城市的长街深巷、高楼大厦、市场商机、古道大路、如流货物、如织行人、寺院古刹、钟声磬音，而更重要的是它有区别于其他城市的文学大作、诗词歌赋、故事传说、民俗风情、图腾崇拜、情感理念。这种“凤”文化的浸入、繁衍和积淀，浸入得越深切、繁衍得越广袤、积淀得越厚重，就越显得树大根深、骨壮筋强、撑天拄地！

酒泉，为何被称为“凤凰城”？有人说古代时，因凤凰非这

金凤起舞城雕

金凤起舞城雕（局部）

里的梧桐树不栖而冠名；有人说这一带的山川地形像凤之舞而称之；也有人说是因这里发现过原始鸟类化石而命名。相传，古时候的酒泉一带，有一种古老的火鸟。它的羽毛虽没有五颜六色的华丽，却也圣洁；鸣叫虽没有如歌一样的清脆，却也灵性。只要它出现的时候，总是天地呈祥，风调雨顺。是它一次一次地飞进祁连山深处，衔来一粒一粒饱满的松果、柏籽、草种、花卉，为酒泉一带的大漠染上了一层绿色。同时，也是它从西王母的瑶池那里讨来了圣水，因此河流叫了讨赖河。其实，这种火鸟，就是传说中天下“鸟中之王”的凤凰的一种。因此，人们都说，酒泉是凤凰最早的家园和故乡。酒泉东南的大街上，有一尊并不引人注目的雕塑，笔直而高挑的基座上，有一只血红色的大鸟，正欲起飞，给城市以一种腾旋的力量。这只鸟正是古代飞翔在酒泉天空，给大地带来生机，给人们带来吉祥的“火鸟”。酒泉城中，高高耸立的鼓楼上，也镌刻着“丹凤朝阳”浮雕；城市的雕塑，也是浴火重生，展翅高飞的火凤凰。

十二、横竖撇捺写肃州

【名家游记】今日住肃州。肃州为甘、新两省之枢纽，甘肃极西之锁钥，以故商贾往来，蔚成大观。其繁盛次于甘州，贸易额岁在百万以上。其异于甘州者，甘州乃原料出产之地，此则转运市场也。输入品由东大道来者，以陕西之大布及纸张为大宗。由包头经蒙古草地来者（四十五日可达宁夏），以洋货（火柴、布匹、手巾、化妆品）、砖茶为大宗。由西路来者，新疆则葡萄干、杏干、杏仁、棉花，而以葡萄为最多，敦煌则以棉花为主。而青海则以毛皮、牲畜换米、面、布匹以往，其情形无异于甘州也。输出以粮食、煤炭及南山所产玉石（玉石可制杯、碗、图章、装饰品等）为大宗。

——林竞《蒙新甘宁考察记》

自汉武帝元狩二年（前 121 年）开辟河西，设酒泉郡，立禄

肃州风光

福县，即有城池。始称禄福城，后称福禄城，隶属酒泉郡。隋代改酒泉，称肃州，领福禄。元代设肃州路，明代改肃州卫，领酒泉等县。1949 年设酒泉县，1985 年设县级酒泉市，2002 年改为肃州区。境内属半沙漠干旱气候区，降水量小，蒸发量大，日照时间长，年平均降水量为 83.6 毫米，蒸发量为 2191.4 毫米。

全区总面积 3353.74 平方公里，总人口 48 万人。与玉门、金塔、高台、肃南为邻，设西峰、果园、西洞、总寨、银达、泉湖、金佛寺、清水、上坝、三墩 10 镇和铧尖、黄泥堡、东洞、丰乐、下河清 5 个乡 154 个村。2020 年 1 月 8 日，肃州区入选甘肃省

远看祁连

县域竞争力十强县。

境内文物和旅游资源有下河清遗址、干骨崖遗址、赵家水磨遗址、西河滩遗址、紫金城遗址、金佛寺堡遗址、清水堡遗址、临水堡遗址、明代长城及烽燧、大法幢寺、丁家闸五号壁画墓、西沟墓群、祁连山雪景、冰山观光点、酒泉墓葬博物院、沙漠运动场、海马泉、花城湖、四坝湖、六分湖、清水河、石河桥旅游度假村等。

红旗卷过玉门关——酒泉起义纪念馆

到达：酒泉西大街 2 号，肃州区文化馆内。市内乘 1 路、2 路、4 路、9 路公交车在鼓楼西、鼓楼南站下。

开放时间：预约（肃州区文化馆，电话 0937-2650708）。

门票价格：免费。

1949 年 9 月 25 日，对酒泉人民来说是一个新旧社会两重天的分界线，是黑暗与光明的转折点。这一天，人们终于喊出：天亮了，解放了！酒泉，从此进入了一个新的历史时代。酒泉起义纪念馆，就设在鼓楼西南的区文化馆内，以历史文献、档案资料、实物史料、历史老照片为主，记载和回眸了酒泉这一历史大事件。

这年 8 月，解放军第一野战军发起兰州战役，于 26 日解放兰州。根据中央军委的指示，第一野战军于 31 日发布进军河西走廊的作战命令。新疆警备总司令兼河西警备总司令陶峙岳也加紧筹备起义。

看点一：酒泉大混乱。9 月 22 日，解放军一路西进，兵临

酒泉起义纪念馆

酒泉城下，敌西北军政部要员狼狈四逃。当地政府名存实亡，酒泉守军一片混乱。学校停课，工厂停产，店铺关门。有钱人家藏金匿银，惶惶不可终日。

看点二：酒泉大会谈。酒泉起义风声四起，国民党主战派和主和派斗争日紧。深明大义、接受中国共产党的和谈条件的陶峙岳，派曾震五为代表，与解放军代表刘振世举行起义谈判。

看点三：酒泉大起义。9月24日晚9时许，彭铭鼎陪同刘振世到河西总部，召开起义通电签名会议。起义通电主要内容如下：

兰州人民解放军彭副总司令钧鉴：

抗战八年，继以内战，人苦兵劫，渴望和平。峙岳等为革命大义和西北诸袍泽，亟应表明态度，正式宣布与广州政府断绝关系，归向人民民主阵营。在中央人民政府未成立前，接受人民革命军事委员会之领导。谨此电达。

起义通电发出后，当即收到了彭德怀副总司令从兰州发来的复电。电文主要内容如下：

迪化陶峙岳将军勋鉴：

敬、有两电均悉。将军等率部起义，脱离反动阵营，甚为欣慰。甚望坚持进步，彻底改造部队，为共同建设

解放军和酒泉起义将士

各族人民的新新疆而奋斗。

至此，国民党军队共3.8万人起义，酒泉和平解放。

看点四：酒泉大解放。酒泉各界和群众代表，到酒泉和张掖交接处，张灯结彩地热烈欢迎解放军向酒泉进发。9月25日晨9时，解放军先头部队，从南门进入市区，绕鼓楼向东西两大街分进。流落在甘肃酒泉的人民艺术家常香玉和她的豫剧团，也给进城的解放军演出了专场剧目。

看点五：凯歌进新疆。解放军第一野战军10万大军集结酒泉、安西一线，兵临玉门关下，打开了进疆的必经通道。“白雪罩祁连，乌云盖山巅。草原秋风狂，凯歌进新疆。”这是王震在部队西进途中写下的一首诗，这首诗成了一首战歌。

| 文化之乡——毛主席《酒泉县银达乡是怎样进行农民业余文化教育的》按语牌 |

到达：酒泉银达乡银达村广场，距肃州 10 公里。乘酒泉到银达镇的乡村公交车，在银达村路口站下。

开放时间：全天。

门票价格：免费。

肃州区有条清水河，清水河畔有个银达乡。银达乡鼓励农民学文化，成了受到毛主席赞扬的“文化乡”。因历史的变革，当时的酒泉县银达乡变为现在的肃州区银达村。半个世纪以来，银达农民在坚持学文化、学政策、学科技的同时，在村里竖起了毛主席《酒泉县银达乡是怎样进行农民业余文化教育的》按语牌，修建了村史馆，组建了业余剧团，使银达经验远近有名。

看点一：没有文化就是睁眼瞎。中华人民共和国成立了，广大农民翻身做了主人，但没文化是掌握不了科学技术的，是建设不了新农村的。据统计，当时银达乡 318 户中，粗识字的只有 32 人，60% 的乡村干部是“睁眼瞎”。有的地方连一个记工员都找不出来。不少干部想学政策，学技术，可是苦于没有文化。他们说：“看见报纸和文件，头就痛，脸就烧，心就跳，斗大的字不识半升，没有文化，怎么能搞好工作？”有的记工员，因识字太少，往往把 15 分工记成 105 分，把 81 分工记成 18 分，引起了农民的不满，矛盾纠纷时常发生。广大农民渴求文化，渴求知识，他们说："吃不愁，穿不愁，没有文化整天愁。"

看点二：翻身农民学文化。怎么办？在农业合作化的推动下，银达农民自愿开办了各种速成识字班、扫盲班、高小班和农民夜校，坚持农闲时家庭院落学、炕头灶前学，农忙时田间地头学、村头村尾学。很快出现了子教父学、夫念妻记、兄比弟帮的场景。人人有识字本，家家有读书声。男男女女，老老少少，学文化的热情不断高涨。当时，有句顺口溜："收了工，吃过饭，带上书，上冬学，学文化。"虽然条件差，但大家的学习劲头十足，识字班里集体学，回到家里个人学，田间地头休息学，出门在外抽空学。没有纸张，许多人就"站着画墙皮，坐下画地皮，睡觉画肚皮"。乡上经常开学习竞赛和各种联欢会，有的还把学习内容编成歌曲，学什么唱什么，唱什么学什么。

看点三：县委工作组及时总结典型经验。这一做法得到了省、地、县委的充分肯定。酒泉县派出县委宣传部干部车宏彰、黄显德，在银达驻社一年多，和社员同吃、同住、同劳动、同学习，及时总结群众的实践经验，写出了《酒泉县银达乡是怎样进行农民业余文化教育的》一文，并作为全省典型上报中央。经验材料被编入《中国农村的社会主义高潮》一书。这篇文章虽然不长，但比较全面地介绍了银达乡农民办夜校的 4 条经验。一是注意吸收党员、团员和积极分子参加学习。因为他们是农村的骨干，提高他们的文化水平，直接有利于工作的顺利开展。二是必须根据农事季节安排学习时间，农闲的时候多学，农忙的时候少学或不学，注意解决工作与学习的矛盾。三是教学内容必须结合实际，最好是农民常用常见的，使他们既容易懂，又容易记忆和应用。四是政治教员一般应由党支部书记担任。

看点四：毛主席亲自题写按语。这些经验受到毛主席的高度赞扬，并亲笔题写了按语：

> “本书谈文化工作的篇幅不多，这一篇算是好的。为了要在七年内，即在第二个五年计划时期内基本上消灭文盲，适应农业合作化的迫切需要，一九五六年各地就要做出全面的安排，并且完成第一年的计划。”

看点五：农民业余剧团年年活跃。有了文化的银达农民，也是能歌善舞的农民。除了逢年过节闹社火、扭秧歌外，他们还组织起农民业余剧团，农忙下田劳作庄稼，农闲排练文艺节目，经常走村串户，演出农民喜欢观看的秦腔、眉户、歌舞、小品和相声。在银达村或邻近村队，不管是在田间地头，还是家庭院落；不管是茶余饭后，还是逢年过节，只要听到锣鼓家什一响，人们就知道是村剧团又来演出了。大家呼朋唤友，扶老携幼，前来观看。当地农民爱看剧团自编自演的剧目，有赞扬孝敬老人的《摔罐》、邻里团结的《换宅基》及爱情喜剧《洞房花烛夜》等。反映了农村的新变化和农民新风貌，故事动人，催人奋进。先后荣获过全国“群星奖”和全省“五个一工程奖”。

看点六：银达村民俗博物馆。作为乡村记忆，银达村以村史为主，建立了神农民俗农耕文化博物馆，收集和整理了农耕生产机具、农民生活用具等各类藏品共 12000 多件，分农耕民俗、红色记忆、书画藏品、图书资料等展区。2015 年，该馆被收入第二批甘肃文化遗产“历史再现”工程博物馆名录。

| 牧羊人的发现——酒泉魏晋壁画墓 |

到达：肃州果园乡丁家坝村，距城区 10 公里。可乘酒嘉公交车、酒泉 21 路公交车，在丝绸之路博物馆路下车，再前往。

开放时间：预约（肃州区博物馆，电话 0937-2800089）。

门票价格：30 元。

从酒泉到嘉峪关，中途要经过一片戈壁，坐落在北大河的北岸。尽管戈壁滩中有连片的农田，也有成排的农舍，但戈壁上的荒丘废水，也会给人几分苍凉之感。20 世纪 70 年代初，当地一位放羊人，把羊群赶到荒滩上吃草去了，他想找一个背风向阳的地方，忙中偷偷闲，睡上一会儿。他顺势躺在一个乱石堆旁，习惯性地把牧羊鞭杆往身旁一插，没想到却插进了老鼠洞。出于好奇，他要探一探老鼠洞的深浅。

酒泉的戈壁荒漠都是这样，荒凉冷漠，风比雨多，寒冷胜于晴暖。这里的人们习惯春种夏管秋收冬藏，天热了下地干活，天冷了回家生火，一日三餐烟火不断。但戈壁之下的世界是个什么样子，有哪些比金银财宝还值钱的东西？他们不知道。这个牧羊人无意间，用牧羊鞭杆捅开了一个无底洞，探出了一个地下奇观，揭开了一片魏晋大墓的一角。这一发现也让考古工作者叹为观止。由此，一座完整的地下画廊进入了人们的视野，被称为果园乡丁家闸 5 号魏晋壁画墓。主要看点：

其一：天庭壁画简约而极富想象。这座大墓距地面垂直 12 米，下面是 8 米多长的前后墓室。就在这样逼仄的地下空间，却分布着过道、天井式的院落、莲花藻井、券门和墓穴，堆积着大量殉葬品。四周的墙体和藻井，分 5 个层次都绘满了彩色的壁画。第一层，分布在藻井四周，并没有施以笔墨和线条，而是留出了大量的空白。其实这就是古人的高明，空白代表了第一层画境，寓意景象清明的天空。日出日落，斗转星移，在这个空白处进行，留下了任人想象的余地。第二层也为天空的一部分，云层飘动，四龙盘踞，分别代表了东南西北的天空方位，有一种象征太平景象的嘉瑞之气。龙首下的故事内容更为丰富多彩。西有王母宫，西王母的生活方式也很独特，左手牵九尾狐，右手捧三足乌，神气十足；东有金乌驮日，正是东王公高坐扶桑，以观天光地脉的时辰；南有白鹿奔驰，羽人升腾，都在寻找遨游太空之路；北有天马行空，昂首嘶鸣，天地都为之振奋。

其二：葬入地下的人间烟火，依然红尘滚滚。第三、四层把墓主人生前的人生拼搏、社会地位、人际交往、日常生活、奢侈豪华、享受尊贵、愿望梦想都描绘得惟妙惟肖，栩栩如生，简直

丁家闸五号墓

就是人间烟火的复制品。他们耕种的田地，也许就是墓地之上的那方沃土，养活了他们，也养活了后辈的人们。他们使用的犁耙，扬场的小麦、屠宰的猪羊，无不是延续至今的农耕文明。他们娱乐的方式，也与现代的歌舞相差无几。他们弹拨的琵琶，抚弄的琴弦，吹奏的笛箫，打击的长鼓，在今天的乐坛上，依然在流行。流传 2000 多年的龟兹乐舞、西凉乐舞、敦煌乐舞，也可在墓葬的壁画上找到清晰的线条描绘。他们出门走远路，也像现代的人们一样，要驾驶自己心爱的车辆。一辆辆车子，都被主人打造得华丽高贵，用金银装饰车辕，用朱漆涂抹得明光发亮。贵夫人坐在车上都不露面，任凭驾驶车辆者把驾车的马匹赶得飞快。也许这种情形，与现在的人们坐宝马丌奔驰是一样的享受。

其三：阴冥下界，阴森鬼魂充斥的地方。壁画墓葬中最阴森、最令人毛骨悚然的地方，就是第五层的阴冥下界所反映的情形了。这里是墓葬的最底层，除了放置棺木尸骨、陪葬物品外，只画了四只灵龟，置于墓室底角，起着支撑起整个墓葬的作用，也是一种长久平稳的象征。

| 刻在砖上的人间烟火——肃州西沟彩绘砖墓葬群 |

到达：肃州果园乡西沟村，距城区 15 公里。可由市内乘坐出租车前往。

开放时间：预约（肃州区博物馆，电话 0937-2800089）。

门票价格：30 元。

距酒泉城西北 15 公里的果园乡西沟村，原先名气并不大，没有出过名人，也没出过名产，一切都显得平平淡淡，只留下了一个农耕文明的产物——西沟的名字。可在 1987 年 9 月，农民浇水灌田时，意想不到的是在戈壁与农田间冲出了一座古墓。后经文物部门的考察发掘，发现墓中的模印画像砖，甘肃首见，全国罕有，引起了当地政府和考古界的重视。2001 年被列入第五批全国重点文物保护单位。

看点一：神兽模印画像砖栩栩如生。第一、二、三号墓都出土有一砖一画的十二生肖画，也称为十二神兽。依顺时针的方向，依次刻画了子鼠、丑牛、寅虎、卯兔、辰龙、巳蛇、午马、未羊、申猴、酉鸡、戌狗、亥猪的形貌容颜，充分体现了古代氏族部落的文化起源和墓葬主人生前的图腾崇拜。把神兽一尊一尊地画进墓葬，既有镇墓避邪的作用，也有占卜择吉的意愿。在这里，十二神兽都用了夸张拟人的手法，一个个神气活现。威风凛凛的神鼠，没了鬼鬼祟祟的情形；力大无比的神牛，也没了笨拙痴呆的样子；向天长啸的虎，似乎只知天地间王者的风范；兔子的长跑，早就甩脱了身后的追击者；龙腾云驾雾，还没忘记向大地施

西沟魏晋壁画砖墓

雨的职责；马的奔腾有着离世绝尘的神态；羊的温顺中又有一种幽默情感；猴的灵敏中多了几分人的智慧；鸡的昂首是在宣誓自己的高贵；狗的机警是忠于自己的职守；猪的肥头大耳更显得憨态可掬。

看点二：仪仗骑士模印画像砖神情威武。各墓中还出土有身穿铠甲、手持长矛的守门武士画砖和一文一武的骑士画砖，共计 70 多块。前为甲胄骑士，全副武装，十分英武；后者穿文服，马不披甲，与前者相随而行。整个队列从一方进入，环绕墓室一周，从另一方向走出，显得虎虎生威。

看点三：弦乐砖模印画像砖神情皆备。一号墓室弦乐砖模印两位女乐伎，一派古典装束，高髻秀发，飘逸自然，神情皆备。

上身衣饰圆领贴体，长裙袭腰，衣褶舒展，袖管高挽，操琴弹弦。左边一女跪坐于地，身体前倾，拨动七弦竖箜篌；右边一女盘腿端坐于盘上，手抚古筝，左手抚弦，右手拨弹。两人配合默契，神情毕肖。

看点四：墓室画像砖的各种图案精美绝伦。墓室地面均由菊花画砖铺成，装饰庄重，画面平稳，棺床上均铺有复瓣莲花纹模印方砖，显出了死者生前的尊荣和高贵。四号、五号墓的鸡首人身、牛首人身，显得有点怪异别致。主要是表现农耕、畜牧、炊厨、树林、飞鸟、出行、生活起居等情景。七座墓葬中农夫犁地的场景，表现得相当逼真传神，有的是用尽全力的单牛拉犁，也有的是同时出力的双牛拉犁。秋天丰收的场景，也描绘得十分生

画像砖

动，如迎风扬场，太阳下晒粮食，用不同的色彩，描绘不同的粮食品种。其墓主人的画像也栩栩如生，梁冠高戴，紫袍飘动，端坐榻椅，神情陶然。

| 荒丘野坟的秘密——李暠墓、尹夫人墓与西凉国 |

到达：肃州果园乡丁家坝村西南，距城区 20 公里。可乘酒嘉公交车、酒泉 21 路公交车，在丝绸之路博物馆路下车，再前往。

开放时间：预约（肃州区博物馆，电话 0937-2800089）。

门票价格：30 元。

东晋时期的封建割据政权西凉国，曾占据河西走廊西端的大片版图，其疆域比现在的酒泉市要大得多，青藏高原北部到蒙古高原南部，河西走廊西端到天山以东，都在西凉王的控制之下。

据《中国大百科全书·中国历史》载："西凉国，李暠建，都酒泉。盛时在今甘肃西部酒泉、敦煌一带，西抵新疆葱岭。历三主，共 22 年。西凉民户稀少，李暠统治时，经济上劝课农桑，又屯田积谷，资储充足，势力渐盛。政治上依靠凉州大姓，并奉表称臣于东晋；又设立学校，培养高门子弟。军事上充实武备，意欲打败北凉，统一河西。李歆继位后，严刑峻法，好治宫室，又刚愎自用，不听劝谏，以致人力凋残，百姓困敝。"

李暠墓。在西凉国灭亡之后 1500 多年间，那些当年叱咤风云，后来又一战而崩溃的西凉统治者死后葬在了何处？墓地是什

西凉王陵——李暠墓

么样子？一直没有准确的说法。据《元和郡县志·酒泉县》记载："西凉武昭王陵在县西十五里。"再就不见了记录。"县西十五里"，只是指了一个大体方向，并不是具体位置，地面又无标识，真是戈壁茫茫，难以找寻。时间到了2001年，这一带有个隆起的小山包，虽然比周围的山包要大一些，但也随时有被浇地水浸泡坍塌的可能。有人说，这下面可能是李暠墓。经文物部门抢救性地发掘，还真是一座千年古墓。

整座墓地深20米，墓室面积90平方米。从形制、规模看，完全是一座帝王之墓。只可惜墓内空空，没有棺木，没有遗体，也没有大量的陪葬物品。有的只是照壁墙体上绘制的白虎、朱雀、玄武、白鹿等图案，还出土了少量的陶豆、陶钵以及金银饰品，也没有多大的价值。这是怎么一回事呢？

北京大学、西北大学和甘肃省考古研究所的专家到现场考察后认为，小土山墓葬与周边分布的已考察发掘的墓葬群一样，属魏晋时期的墓葬。只是该墓规模宏大，结构独特，墓道宽阔，并有附属建筑，带有地面宫殿式建筑色彩，墓主人不会是一般的贵族。在河西发现魏晋时期如此大的墓葬，至少是王一级的墓。从墓门壁画砖上所绘内容来看，反映的也是“王”与“臣”的地位等级关系。而在酒泉的历史时空中，称“王”的只有西凉王李暠。李暠是汉将李广的第十六代孙，又是唐朝李世民的世祖，唐王朝在修撰史书时，追谥他为“兴圣皇帝”。公元

李暠与尹夫人图

尹夫人墓出土的地方（现为酒泉丝路博物馆馆址）

400年，李暠控制了西域，建国西凉。

公元417年李暠病卒，享年66岁。死后谥为“凉武昭王”。之后他的二儿子李歆继位。同样，据《中国大百科全书·中国历史》载，李歆继位后，严刑峻法，好治宫室，又刚愎自用，不听劝谏，以致人力凋残，百姓困敝，西凉王朝的破灭也就是必然的了。

有意思的是，后来大唐王朝的李姓帝王，要认祖归宗了，他们考证来考证去，显赫的唐宗李祖，上可溯源到老子李耳，下可追踪到西凉李暠，他们有着同宗同祖的荣耀，也有着血脉传承的尊贵。据史料记载，唐玄宗天宝二年（743年），追尊李暠为兴圣皇帝，并派官员在酒泉大兴土木，修墓筑祠，御书“兴圣皇帝祠”匾额，高悬于祠堂门楣，颇为壮观。但到了晚唐时已经变成

“牧童歌冢上，狐兔穴坟旁”的荒凉景象，地面建筑早已荡然无存。

尹夫人墓。值得一提的是李暠夫人尹氏，她以一个女政治家的智慧，在兵荒马乱，强权争霸，你拼我杀的年代，扶助其夫夺得了兵权，坐稳了江山，并且把一个偏于一隅的小国也治理得“兵无血刃，坐定千里”。因此有着“李尹政权”的说法。但尹夫人死后葬于何处，也一直是个谜。1999年肃州丁家坝一带的丝绸之路博物馆在修建时，发现了13座墓葬，其中一座出土了“陇西狄道李超夫人尹氏墓表”完整表额，在3块残损表身上阴刻有“凉嘉兴二年十二月”等字迹，为研究西凉国的存在与败落提供了珍贵的实物资料。

| 先民的智慧——酒泉西河滩“四坝文化大型聚落遗址” |

到达：肃州区清水镇中寨村，距酒泉城80多公里。自驾或乘出租车。

开放时间：全天。

门票价格：免费。

2003年，当我国西气东输工程修到酒东盆地的肃州区清水镇中寨村西河滩时，一座原始人的大型聚落遗址终于被发掘出土，进入了现代人的视野。在1万平方米的遗迹中，隐藏着原始人的住房、储藏坑、烧烤坑、陶窑、祭祀坑485座，还有部分耕种过的农田、引水渠等痕迹。同时，还出土了石器、陶器、骨器等遗物，被命名为“四坝文化大型聚落遗址”。其年代久远、聚落完整，是甘肃西部的首次发现，具有很高的开发利用价值和学术研究价值。

至于要问四坝文化是什么人的创造的，这是一个极为复杂的问题，不是三言两语就能说得清的。有人说四坝人就是古羌人，或是西戎的某一族，他们曾在这里烧陶冶铜，垦荒种植。也有人说，四坝人是西迁的塞种人，或高加索人，在这里和当地居民融合后共同生活，共同创造了远古的文明。两种说法虽各有道理，但都因资料不足，实物零碎，难以做出准确的结论。四坝人的智慧到底达到了什么程度，他们有多大的本事，都能干些什么大事呢？

其一，四坝一带乃至河西走廊，远古时的生态环境是怎样的？用大漠流沙、荒原野地、风沙干旱等极端词汇来表现，也许并不为过。四坝人为了顽强地生存下去，用他们的智慧，开拓着温馨的家园。在漫长的狩猎和放牧生涯中，他们用来果腹充饥的食物都相当单一，那就是食肉饮血，生活质量受到很大的制约。于是他们便学会了垦荒拓地，开渠引水，育种培苗，拉犁播种。有了他们的春种秋收，有了他们的五谷飘香，他们已由畜牧经济迈入了农耕经济。当然作为他们当家本事的放牧，也没有丢弃，形成了农牧混合型的经济形态。由此，他们餐桌上的食品也发生了根本性的变化，有米有面，也有肉有油，生活水平有了很大提高，日子过得有滋有味，这不能不说是四坝人的精明与能干。

其二，四坝人是怎样改变单纯牧业经济的形式，改变逐水草而居、四季轮牧的生产生活方式的呢？最初畜群赶到哪里，他们就把家搬到哪里。四处漂泊的生活也把他们搞得精疲力竭。农耕经济的发展，使他们的生活相对地安定了。于是他们把地开到哪里，庄稼就种到哪里，就把家安到哪里。后来他们又学会了营造家园的另一种本事，即修房建屋。四坝滩风多雨少，气候干燥，他们就在农田旁、水渠边的向阳地带，挖地基，夯土层，和泥巴，立木桩，建起了虽简陋，也不一定有多坚固，结构也不一定很合理，但完全可以遮风避雨，冬暖夏凉的房屋。对四坝人来说，这已是很难能可贵的事了。由此，四坝人和现代人一样，有了住房的概念。

其三，四坝人有了住房，接下来的事情，就是要有用具：水用什么盛，饭用什么做，地用什么耕，庄稼用什么收割？于是他们又动脑筋了。首先他们学会了烧窑制陶，各种式样的黑陶、红陶、彩陶，就是出自他们那双粗糙而灵巧的手。他们制作的陶罐、陶盆，既是生产生活用具，又是最原始的工艺品、祭祀品、陪葬品。烧陶的进一步发展，又进入了冶炼领域，他们把采自深山的矿石炼成了金属。青铜又成了人们绝好的资料，用来制造青铜器具，铜鼎、铜戈、铜剑相继出现，既用于生产生活，又用于战争，人们的生存空间有了进一步拓展。

其四，随着原始生产力的发展，四坝人的生活水平有了提高，于是他们的文化需求又摆上了议事日程。他们有哪些文化创作呢？他们一高兴就迎风而唱，埙的出现，说明他们已经能辨别蒙蒙天地间的各种声音，分得清杂音、噪音和混浊的音，分得清纯音、

西河滩四坝文化考古

清音和优美的音。有了音乐的概念，掌握了韵律和节奏，他们就有了自己的情歌和民谣。他们一高兴就挥笔而画，画在地上和画在墙上的画，早就被风刮了雨冲了水泡了。唯有刻在山中石头上的岩画，绘在陶器上的图案，在沧桑巨变中保存了下来，只要不山崩石裂，岩画就完整存在；只要不罐破器毁，图案就新鲜如初。

四坝人就是站在历史的起始阶段，创造了人类文明的最早曙光，冲破黎明，向着原始社会的一个更高层次走去。

| 佛钟塔影——酒泉大法幢寺与赵家水磨遗址 |

到达：肃州区果园乡高闸沟村。市内乘 1 路、2 路公交车，均在终点站下车，再前往。也可乘市内出租车前往。

开放时间：全天。

门票价格：免费。

与酒泉城正对的北大河北岸，有一片湿地，这里因北大河水的长期冲刷，形成了漫长高大的土崖，当地人称“北大崖头”。土崖上下都是农田、水渠和村庄。这里有一寺一塔一遗迹，格外引人注目，远近都能听到寺院的钟声和高塔的驿铃，唯有那座遗迹裸露在崖土层中，并没引起人们的关注。这座寺就是酒泉大法幢寺，塔就是九层佛塔，遗迹就是赵家水磨月氏乌孙的古老居住

法幢寺山门

地遗址。

北大崖头，沟深壑奇，林木葱郁，曲径幽深，风景秀丽，十分清静，酒泉大法幢寺就建造在这里。这是在当地政府的支持下，于 1996 年修建的一座佛教寺院，由甘肃佛教协会融昭大师住持。因在修建风格上与原在北大桥头的小法幢寺一脉相承，但在建筑规模上远远超过了原有的小法幢寺，因此叫作大法幢寺。寺内山门两侧，东有钟楼，西有鼓楼，遥遥对应。随着地势的升高，几座庄严的佛殿也显得错落有致，层次分明。天王殿居于第一层，大雄宝殿为第二层，卧佛殿高居第三层，游人香客层层拜上，袅袅香火节节高升。

法幢寺与九层塔

法幢寺的第一个看点是“大”。卧佛殿的大佛，堪称中国室内第一大卧佛，睡身长 75 米，比张掖大佛寺的卧佛还要大。由我国著名雕塑家何鄂女士精心构思设计，仿唐风格，形体丰

赵家水磨遗址

满，神态庄重，色泽鲜艳。由国内能工巧匠雕塑完成，并进行了彩绘贴金，显得庄严神圣，佛光环绕。自开光以来，佛事兴盛，香火不断。

法幢寺的第二个看点是“高”。法幢寺原本就修在高高的土崖上，让人们远远看去，有一种抬头仰望的感觉。其上又修了一座“九层佛塔”，突兀于佛寺苍梧之中，从远处看去危崖悬壁，佛塔高置，翘首入云。全塔高 40.8 米，内造 88 尊佛像，堪称中国西部第一高塔。人们登高既可参拜佛尊，又可远观景色。远处的祁连雪峰，近处的河流波涛，城市的高楼大厦，农田的五谷收成，尽可揽入眼底，令人神情振奋。

法幢寺的第三个看点是“古”。与法幢寺一墙之隔，有一处古遗址，这就是赵家水磨遗址。有一米多厚的灰土层，长 300 多米，夹在厚重的崖土中，因没有考古发掘，不知这种灰土层在地下有多大的面积。从已出土的兽骨、木炭、陶片、石制品等文物看，可能是先秦时期，西羌、月氏、乌孙等游牧部落在酒泉一带狩猎、游牧、农耕时而选择的一处居住地，那些灰土层是烧火取暖做饭的遗留物，成了那段历史和文化的见证。

| 神秘古城堡——下河清皇城、紫金城遗址 |

到达：肃州区下河清乡，距酒泉市区 50 公里。从酒泉汽车南站乘去下河清的班车，下车后乘出租车前往。

开放时间：全天。

门票价格：免费。

下河清乡处在一片戈壁绿洲之中，绿洲的外围，有滚滚流沙从东压来，没有流沙的地方，就是荒凉的河滩。虽说不上是穷滩恶水，但也失去了应有的温馨与富庶。让人根本无法想象的是，这里却孤零零地残存着两座古老的城堡，一座叫紫金城，几乎与京城里的紫禁城名字撞了车；另一座则更直接，叫了皇城。是哪朝哪代的帝王在这里建都修城，与荒凉为伍的呢？为此，人们有不同的猜测和想象。

从现存的残垣断壁上，确实找不出当年皇城行宫的威严与神圣。此城并不大，南北长 344 米，东西宽 291 米，只开南北两门。格局的逼仄与过去财主土豪的土围子没有两样，只是多了壕沟与瞭望台，多了几分军事的用途。据当地农民讲，在清代同治年间，皇城的城墙、角墩与瞭望台均都完好。城里还有居民生活，耕种着城外的农田。也有人考证，这是古代的乐涫县城，或福禄县址，

紫金古城遗址

但缺乏资料，难以自圆其说。一个小小的七品县令，也不敢住皇城，不可能抖帝王的威风。倒是这种大戈壁滩中荒凉农田所隐没的“皇城之谜”，期待考古学家的不断挖掘和探索。有趣的是《酒泉史话》曾载，元代铁木真之子阔端的儿子永昌王在今肃南皇城区建立过行宫，那么下河清皇城又该是哪一位皇太子的驻地官邸呢？

紫金城遗址的看点是，与东南的皇城、西南的天罗城、西北的明花城、东北的草固筋城，构成了一座古代的军事防御体。如今只有几处塌陷的墙体，掩映在荒草中。当地的明清史书记载，紫金城，也叫河清堡，与京城的紫禁城并没有关系，之所以叫紫金城，是因为原来修筑城墙时，为使其坚固，用了一种“纸筋”

掺入泥土，于是人们就直呼此城为“纸筋城”。时间长了，叫得人也多了，竟然跑腔走调，被叫成了紫金城。据《肃镇华夷志》记载，明万历元年，由巡抚都御史廖逢节续修城堡，“高七八尺与五六尺”不等，连旧城墙共“高三丈五尺”，添筑敌岗、悬楼、角楼、墩台等，有城壕、外壕、壕墙、远墙各一道。《重修肃州志》记载，明嘉靖中，西番入犯，各堡俱被攻破，惟中河清堡与永定堡以坚固得免。据当地居民回顾，紫金城四方四正，周长156米，城内曾有店儿庙、龙王庙、娘娘庙、关帝庙、县衙、戏楼等建筑。然而这一切，都消失在了历史的尘埃之中，如今被平为了农田，年年耕种，收获小麦玉米，也是对历史的一种回馈。

丨开山炼铜——酒泉的青铜文物丨

到达：肃州区博物馆。市内乘9路公交车，在市政广场西侧下车。

开放时间：每周二至周日上午8：30—12：00，下午14：30—18：00，周一闭馆（遇国家法定假日顺延）。

门票价格：免费。

“青铜酒泉”，不仅仅是一个虚拟的名词，而是由大量的实物来证明的。据考古发掘，酒泉汉晋时期的古墓葬，出土了大量的青铜制品，这些青铜制品主要有铜釜、铜甑、铜鼎、铜镜、铜带钩、铜弩机、铜叉、铜刀、铜削以及发簪、耳环、戒指、铜钱范等，既有陪葬用的冥器，也有一些现实生活中使用的器物，反映了当时人们的生活状态和生活质量。许多青铜文物，造型复杂，纹饰镂刻繁缛，工艺制作精美。

西汉铜盆

第一件，铜镜。汉代，酒泉人的生活水平怎样，他们都使用什么样的生活用具，有些什么讲究和追求？酒泉6镜，折射出一个城市的一个时代的方方面面。据《酒泉宝鉴》载："肃州区博物馆珍藏的6面汉代铜镜为西汉四虺纹铜镜，纹饰精美，铸造工艺精湛。西汉'长宜子孙'铜镜，圆形，圆钮，宽缘；东汉几何纹博局铜镜，直径9厘米，圆钮圆座，有钮纹；东汉四乳四虺忍冬纹铜镜，纹饰精美，特征明显；东汉'位至三公'铜镜，半圆钮座，桥钮，饰柿蒂纹；东汉'宜'字凤纹铜镜，纹饰精细，造型美观，铭文清晰。"酒泉汉代铜镜的普遍使用，说明酒泉的矿业开采和冶炼技术有了相当的发展。远古时代的酒泉，山川秀丽，矿藏丰富。据史料载，到了汉代，酒泉也有了极为发达的青铜冶铸工艺。

第二件，铜灯。同样，在肃州区博物馆中有两盏铜灯，被历史变迁打上了深刻的烙印，成了酒泉城一种古老文化的缩影。一盏是东汉羽人铜灯，镂空缠枝的灯座，撑起了向上飞腾的羽人形

汉博山炉

象，体现了当时人们飞天的理念。羽人双手托起灯盘，象征着天上的太阳和月亮，构思精巧、匠心独具。一盏是东汉时期的摇钱树形灯，为国家一级文物。灯座上镂饰的动物形象栩栩如生。有灯，必须有燃料。汉代的青铜灯使用什么样的燃料呢？要知道那时人类还没有开采石油、提炼原油的能力和技术，不可能有煤油那样的燃料。《楚辞》云："兰膏明烛。"其实这种兰香炼膏，就是一种能点灯的油脂。

第三件，铜炉。酒泉铜炉也很有名。李白诗"博山炉中沉香火，双烟一气凌紫霞"。这种富有诗情画意的汉博山炉，在酒泉也有出土，成了酒泉铜炉的重要标志。出土于酒泉城区东关的圆底高足、镂空盖的香炉，造型美观，质朴大方，据考古专家鉴定为汉博山炉。何谓博山炉，吕大临《考古图》云："香炉像海中博山，下盘贮汤，使润气蒸香，以像海之四环。"人们知道，古代盛传海上有三座仙山，即蓬莱、博山、瀛洲。平日里祥云缭绕，虚虚幻幻，真好像是神仙居住的地方。因此秦皇汉武都曾派人到这里访仙寻药，以求长生不老。而博山炉盖上镂空的图案，也像是山峦群峰，气势不凡。每当香料在炉中燃烧的时候，烟气从镂孔冒出，还真像是山上云雾缭绕，山间神兽隐现，虚虚幻幻，与博山仙境没有二致，叫博山香炉也不枉其名。李尤《薰炉铭》云："上似蓬莱，吐气委蛇。芳烟布绕，遥冲紫微。"汉代刘向《香炉铠》中描述："承以铜盘，中有兰绮，朱火青烟。"

| 北凉石塔——酒泉古城西南隅石佛寺遗址 |

到达：肃州区博物馆。市内乘 9 路公交车，在市政广场西侧下车。石佛寺遗址处，在酒泉老城晋城门一带，市内步行即到。

开放时间：每周二至周日上午 8:30—12:00，下午 14:30—18:00，周一闭馆（遇国家法定节假日顺延）。

门票价格：免费。

在中国古代佛教雕刻史上，有一个独特的艺术品种——北凉石塔。全国现存 14 尊，3 尊流散在国外，11 尊在国内。出土地为甘肃河西走廊和新疆吐鲁番市。其中有 7 尊就出土于酒泉石佛湾子遗址，这不能不说是一个奇迹。现存酒泉北凉石塔中，白双且造像石塔藏国家博物馆，马德惠石造像塔、田弘石造像塔、石造像塔残件、高善穆石造像塔，均藏于甘肃省博物馆。曹天护石塔、程段儿石塔藏于肃州区博物馆。

看点一：石佛寺遗址。这些艺术珍品，为什么会集中出现在酒泉？这是因为佛教自从传入中国起，酒泉便是重要的传播站。西域高僧要到中原传教译经，中原的高僧要去印度等国求经或观

北凉造像程段儿石塔

光，酒泉是一个绕不开的重要城市。因此，酒泉自古寺院众多，香火旺盛。石佛寺，坐落于城西南隅，系藏传佛教寺院，供奉藏传佛教诸神佛。据清《重修肃州新志》记载："石佛寺，即大赫寺，在州西南隅。嘉靖间掘地得石佛，敕建大赫寺。顺治初，毁于兵。"康熙年间又重修，改名太平寺。现酒泉西大街小学以南至晋城门一带，都为石佛寺遗址，北凉酒泉石佛造像塔就出土于此。

看点二：曹天护石塔。造于北魏时期，为国家一级文物。其塔身呈正方形，为楼阁式。基座边长 15.7 厘米，通高 38 厘米。塔为 3 层，每层之上有塔檐覆盖，顶盖厚 3 厘米，檐角上翘，雕出瓦龙、斗拱和屋脊。塔身每层四面开龛，分别雕刻佛、菩萨、弟子、侍者、供养人等，共刻造像 55 身。虽然该塔基座塔檐残损，但造像构思巧妙，刀法纯熟，雕刻精美，人物神情潇洒，表现出“秀骨清雅”的艺术风格。

看点三：程段儿石塔。造于北凉时期，为国家一级文物，肃州区博物馆的镇馆之宝。据《酒泉宝鉴》载，1969年出土于酒泉市。石塔为圆雕体，由基座、经柱、覆钵、塔顶、相轮、宝顶6部分组成。基座为八棱形，线刻供养人像。基座上围圆柱形，雕刻发愿文28行。雕刻工艺精湛，具有极高的历史、艺术价值。

这些北凉石塔，具有一个共同的特点，即大都造于公元426年至436年之间，所雕刻的佛和菩萨具有“曹衣带水”的犍陀罗艺术风格。

| 河西版敦煌变文——酒泉宝卷的整理与展出 |

到达：肃州区文化馆非物质文化展馆。市内乘1路、2路、4路、9路公交车，在鼓楼西、鼓楼南站下车。

开放时间：预约（肃州区文化馆，电话0937-2650708）。

门票价格：免费。

众所周知，在东晋以来佛教东传的过程中，一种最能为民众所接受的形式，就是有唱有说的变文。1900年，一个偶然的机会，敦煌藏经洞被打开了，大批唐代变文重现人间，被称为敦煌变文。

其实在民间，敦煌变文一直存在着、传唱着，发展成了一种实用性、娱乐性、教育性功能很强的说唱文学，这就是人们所说的宝卷。由于流行于不同地区，为不同的爱好者所传唱，因此具有不同的地域特色，不同的说唱风格。河西地区就是宝卷的重要传播之地，流传时间长，地域范围广，社会影响大，形成了独具特色的民俗文化，被称为河西宝卷。在河西宝卷中，酒泉宝卷又是一枝奇葩。它将酒泉的方言土语、民俗小调、民间故事、曲牌词调等吸收到宝卷当中，使之更通俗易懂，可亲可信。这种宝卷既可当作文学作品来阅读，也可当作曲艺节目来演唱。在这里，不妨打开几册宝卷，随意挑选几段，来读一读、品一品，也许能体会到一种意想不到的韵味。

《康熙宝卷》对康熙皇帝进行了有别于正史的记载，颠覆了一个正统的帝王形象。他本想当一代勤政爱民的明君，却又是一位不辨贤愚的庸才；他本想一心治国，把大清朝治理成天下最理想的王朝，可他德识才学疏浅，一说话就可笑，一决策就失误，一干事就出错；他本是为民着想，但却做出了一连串的滑稽事、尴尬事和倒霉事。他吃着酒泉出产的五谷杂粮，讲着地道的酒泉方言土语，具有河西财主的嗜好、性格、特质，完全是酒泉百姓按自己的审美观念和理想标准来塑造的皇帝形象。

《老鼠宝卷》用拟人的手法，讲述了一则老鼠告猫的故事。在鼠类生死存亡的关头，老鼠以一个“受害者”的身份，把猫类告到了阎王爷那里，条条款款，理由充足，大有“不杀猫类，不足以平鼠愤”的气势。这个阎王判案，有时候也偏听偏信，竟然善恶不分，是非不辨，被老鼠的谎言所迷惑，给猫类扣了顶“以大压小，以强欺弱”的罪名，并要给予严惩重罚。而就在鼠类暗自庆幸的时候，猫类不服，据理申诉，也桩桩件件地列出了鼠类的罪行，并且申明猫类对鼠类食之正当，食之有理。到此阎王惊醒，判鼠为猫所食，并且食之正当，食之有理。于是，鼠类没了翻身的可能，只能每日每时提防着猫类的伤害。

《香山宝卷》讲了一个“舍双眼而得千眼，舍双手而得千手”的故事。告诉人们，手和眼睛不仅是动物和人重要的动作器官和感觉器官，而且是智慧的来源。手为创造之手，一切物质财富和文化艺术都是由手来创造的，能创造过去，更能创造未来；手为发明之手，一切科学技术和先进技能都是手发明的；手为铲除之手，一切人间邪恶和罪过都是由手来铲除的，能铲除困难，也能铲除灾祸；手为给予之手，一切美好希望和温馨岁月，都是手给予的，能给予光明，也能给予健康。眼为发现之眼，能发现真理，也能发现美；眼为观察之眼，能观察天地，也能观察人物；眼为心声，能流露爱，也能流露恨。

十三、四棱八角看金塔

【名家游记】城南5里许是金塔寺，俗称塔儿寺。30日是阴历四月初八，恰是庙会的日子。我们曾去瞧热闹。正殿曾遭焚毁，光绪年间重建。塔在殿后，是康熙年间金塔营游击孙一贵所建，土质铜顶，围7丈，高5丈。塔身作圆形，上尖，塔座方形。殿中有雍正十年、乾隆七年及乾隆四十六年3座石碑。殿中有道士击鼓鸣铙，但进香者仅数十人。听说往年庙会比较热闹，有时还演戏酬神。寺后的园林中正值桃花盛开，娇艳动人。一同的向先生在花旁凝立着似有所感。我看见他那张连日旅行被阳光晒成紫红色的脸孔，和桃花相映成趣。

——夏鼐《金塔县的古代烽台》

金塔之梦

金塔以县城东南的金塔寺而得名。汉代属酒泉郡辖地，设有建制，称会水县，遗址在今黑河东岸。随历代王朝的变迁，城池也随之移建和废弃。现在的金塔城，原名金塔寺堡，清代乾隆二十七年（1762 年），王子庄州同治所移驻此堡。1913 年，金塔立县。县城坐落在酒泉地区的东北部。

金塔县平均海拔 1260 米，总面积 1.883 万平方公里，总人口 14.56 万人，其辖金塔、鼎新、航天、中东、东坝 5 镇；西坝、古城、三合、大庄子、羊井子湾 5 乡；有 86 个村，459 个村民小组。金塔县属半沙漠干旱气候区，气候干燥，降水量少，蒸发量大，日照时间长，冬冷夏热温差大，秋凉春旱多风沙。年平均降水量 55 毫米，年日照总时长为 3193.2 小时，资源充足，土地肥沃，物产丰富。金塔县曾荣获全国科技进步先进县、全国商品粮基地县、全国百强产棉县、全国休闲农业与乡村旅游示范点等荣誉。

梦之塔

旅游资源有肩水

金关遗址、大湾城遗址、地湾城遗址、榆树井遗址、火石梁遗址、缸缸洼遗址、金塔北部一带烽燧遗址、金塔寺、砖沙窝汉墓群、鸳鸯池水库、解放村水库、大墩门水库、酒泉卫星发射中心、金塔博物馆、金塔胡杨林、沙枣园雅丹地貌、沙枣园子省级自然保护区、黑河环流沙漠景观区、金塔航天广场、圆梦广场、冰坝河滩生态农业、解放村生物固沙工程等。

| 丹梯凌虚——金塔与金塔寺景区 |

到达：距县城东南 2.5 公里。从县城乘出租车前往。

开放时间：全天。

门票价格：免费。

作为一种历史文化、一种建筑艺术，古塔为祖国山河增光添

金塔寺景区

彩。地处西北边陲的金塔县，就有这样一座古塔，饱经沧桑，凌空而立，高耸入云，璀璨夺目，当属佛塔之列，为地处塞外的金塔县增添了一道风情线，充分反映了古代劳动人民的聪明智慧和高超的建筑技术。

这座古塔，坐落于金塔县城东南 2.5 公里处，深居农田村舍之中，面对青山叠嶂，历经千年而巍然屹立。这座塔名叫金塔，已被甘肃省人民政府公布为“重点文物保护单位”，金塔县因塔而得名。

金塔，也叫塔院寺，金塔寺。雍正年间《重修塔院寺序》记载：“如我金塔寺之有塔，不知建于何代，然塔以筋砌始名曰筋塔。明万历二十年设堡，其地立宫分土，因名其堡曰‘金塔寺堡’，

金塔之夜

是堡因塔而名也。”又据《金塔县志》记载：金塔原名筋塔，始建年代无考，明万历年间改为金塔。公元 1700 年，金塔营游击将军孙一贵驻守其地。每当夜深人静，时常听到一种鱼鼓诵经之音，此起彼落。说也巧，一天孙一贵正好梦见了一座寺院，众和尚正在诵经，发出的声音和他每天听到的一模一样。当他从梦中惊醒后，那声音仍在耳旁回响，梦中的寺院仍浮现在眼前。孙一贵在民间查访中，男女老少皆要求重修金塔寺。据说，自金塔寺被毁后，边塞不安，天时不顺，十年九旱，民不聊生。于是孙一贵决心复修金塔寺。在施工中，他亲自督修，并选派专人到西域学习建筑技术，铸造铜佛、塔顶。就这样历经 3 年，一座崭新的金塔寺修复起来了。公元 1878 年，建筑大殿 3 楹，上供释迦佛像。

金塔为仿西域式建筑，形似宝瓶或宝葫芦，造型雄伟稳重，风格简洁古朴。因此，当地人称其为“宝塔”。通体洁白，外形粗犷壮美，充满了异国情调的金塔，其设计也颇具匠心。整个塔体，凝聚着金塔人的创造、智慧与信仰的力量，展现出不同于其他塔楼的特殊风貌。塔后有农田、村庄、红柳和花果园，每到春夏，这里景色迷人，五彩缤纷，使塔院寺显得更加庄严肃穆。

1986 年金塔县人民政府《维修古塔序》称 :“位于县城五华里处之古塔，乃金塔之奇观，县名之由来，其创建之年虽尚待考查，而记载有康熙四十六年、乾隆四十三年、道光二十五年、“民国”十二年四次维修之举。迄今时旷日久,经沧桑巨变,风雨摧残,致外表疮痍，且塔体有坍塌之虞。为绍前辈之遥寄，续延后世之观瞻,故受全县人民之托,遂于 1986 年募工维修,还古塔之原貌。”

| 倒转晴天作湖底——金塔鸳鸯湖景区 |

到达 : 距县城西南 10 公里。乘酒泉到金塔班车或旅游车，从鸳鸯湖景区路口进入。

开放时间 : 全天。

门票价格 : 免费。

合黎山进入金塔境内，因南有祁连雪峰，北有马鬃山余脉，被当地人称之为夹山子。讨赖河流经夹山时，形成了一个天然的湖泊，人称“鸳鸯池”。在抗日战争最为艰难的时期，金塔、酒泉两县人民节衣缩食、风餐露宿、人拉肩扛，修建了我国西北第

鸳鸯湖风光

一座最大的土坝工程——鸳鸯池水库，被当地群众称为“金饭碗”“母亲湖”。

金塔，是中国西部出现的比较早的农业垦殖区域。在250多年前，山西太原府的无地农民“走西口”，在金塔一带建立了最后一个“定居地”。随着人口的增加，耕地的扩大，逐渐聚集成县。金塔素来因缺水，十年九旱，灾荒频繁。金塔人原想依靠讨赖河水的灌溉，拥有金谷年年的富足，谁知流经县境的讨赖河，冬天水白流，夏天贵如油。在农业灌溉季节，往往是上游截，下游争，纷争时起，械斗不断。长期以来，与干旱抗争的金塔人，渴望能在讨赖河入县境的鸳鸯池峡谷，修建自己的水库。

在那个民不聊生的时期，要修一座水库，谈何容易。于是，乡绅赵积寿坚持久住兰州，长期上访。三番五次，直闯省府，哭跪于地，长叹于天，申诉金塔人民干旱痛苦之情，陈述修建水库之利。1941 年 4 月，鸳鸯池水库才得以立项施工。我国著名水利工程师原素欣被委任为主任兼总工程师，同年 6 月来酒泉赴任。

那时正是抗日战争时期，急需经费不能到位，紧用物资无法购买，民工补贴不但非常少，而且又不能保证按时发放，加之劳动强度过大，生活极为困难，工程常常陷入困局，随时都有夭折的可能。经过 5 年的施工，1947 年 7 月，水库才告竣工。但只完成了第一期的工程量，蓄水量 1200 万方，仅能满足王子 6 坝 7 万亩农田的一次性用水。中华人民共和国成立后，历经 5 次加固，使鸳鸯池成为集蓄水、灌溉、防洪、发电、旅游于一体的大型枢纽工程，为国家 AAA 级水库风景名胜区。

看点一：水蓝如天的湖区水面。库区面积 14 平方公里，贮水 10048 万立方米。东西两面横截至山体，突兀峥嵘；南接讨赖河水，开阔浩渺，波涌浪卷；北有巍巍大坝紧锁，惊涛拍岸，烟波动地。时有鸥鸟戏水，鹰起长空。

看点二：重峦叠嶂的截水大坝。起于峡谷，连于山体，前拦万顷波涛，后喷出峡水帘。站在宽敞平坦的坝顶，可向南远观祁连山雪峰巍峨，讨赖河水由南向北而流，鸳鸯池水光影沉浮；可向北近看库水下泻喷涌而出，坝后峡谷中绿树成荫，碧水蜿蜒，直接流入解放村水库。再往远看，有笔直的干渠浇灌农田，美丽的家园隐现在黄沙绿浪之中。

看点三：悬空而出的输水洞与溢洪道。由钢筋水泥构建的输水洞，全长 128 米，洞口直径 2.5 米，最大输出量为 50 立方米每秒。溢洪道总宽 76 米，最大泄流量 1557 立方米每秒。整个水库担负着浇灌金塔 40 万亩耕地的农林牧及工业用水和防汛的重任。

看点四：独具特色的纪念碑亭。保存有民国时期的《甘肃肃丰渠鸳鸯池水库铭》，21 世纪初金塔县政府的《鸳鸯池水库铭》。并有反映金塔人民修建水库、兴办水利事业、改变家乡面貌事迹的浮雕，悬挂有不同时期的名人题词匾额。

| 沙漠秀景——金塔“两湖一溪”景区 |

到达：金塔县城之南。从县城乘出租车前往。

开放时间：全天。

门票价格：免费。

金塔素因缺水，自古以来就有“水贵如油”的说法。自中华人民共和国成立以来，历届党委政府坚持治水治沙，植树造林，绿化大地，改变生态环境，美化家园，使全县面貌焕然一新。其中绿波荡漾的金沙湖、金鼎湖和清泽溪，就是金塔人造就的大漠秀景。

金沙湖景区的亮点，在于水面开阔，波光潋滟。这是金塔人在一个叫三道岭马场的地方修建的解放村水库，以调蓄鸳鸯池弃水。鸳鸯池水库与解放村水库，联合调度运用，担负鸳鸯湖灌区 8 个乡镇，2 个国营农林场 10.7 万人，46 万亩耕地的灌溉、防洪任务。作为重点的旅游景区，人们把解放村水库更名为金沙湖。2008 年 8 月，21 世纪第一个日全食，绕了大半个地球。不偏不倚，不迟不早，金沙湖成了这场日全食的最佳观测点。国内外数千人，在这一时刻，这一地点，见证了这一天文奇观。为纪念这一盛事，金塔人在金沙湖西岸修建了太阳岛广场，立“问天”雕塑、日全食纪念碑、日晷雕塑，修建把酒亭、听涛轩等景观。

金鼎湖景区的亮点，在于湖面如镜，波光潋滟。金鼎湖位于金沙湖的东北，充分利用了金沙湖的下泻之水，汇聚于一处戈壁洼地，像一面照天摄地的镜子。20 世纪 50 年代，金塔县与鼎新县合并，便取两县县名第一个字作湖名，昭示了两县人民在合并后同心协力，共铸辉煌。景区虽不宽阔，但各种景点安排得疏密得当。同时也暗含鸳鸯湖、金鼎湖、金沙湖三足鼎立之势。全湖以水景为主，修建了湖心岛、钓鱼岛、步云桥辅助设施，发挥了“一湖多用”的功能，可调蓄灌溉，可保护生态环境，可休闲观光。

清泽溪景区的亮点，在于水蓝如天，清澈见底。水是可以重复使用、循环流动的。金鼎湖的尾水，再往下泻，就有了清泽溪之景。溪岸上密植胡杨、柽柳、国槐、云杉、刺柏等植物，丰艳多姿。溪流中再配以桥、闸、廊、瀑，既可防风固沙，又可观光旅游，一举两得。当地诗人有《清泽溪赋》：“百棵古柳新栽出，万方奇石人砌就。七级跌瀑高低不同，八池碧水深浅有度。溪边青青草绿染道旁，美乐声声响余音绕梁。夜登长堤视清溪，犹如银河着地来。一地星辰，万道霞光。戈壁飞来一镜，金塔平添一景。”

丨史前活化石——金塔沙漠森林公园丨

到达：金塔县城西北 6 公里处。

自驾路线：从酒泉市向正东方向出发—富康路—肃州路—朝张掖方向，由环岛走第 1 出口进入盘旋中路—酒金东路—酒航路—宝塔街—酒金路，到达金塔县城。县城到景区有公交车、出租车，景区有观光车。

开放时间：旺季（5 月 1 日—10 月 30 日）8：00—18：30，淡季（11 月 1 日—次年 4 月 30 日）9：00—17：00。

门票价格：旺季 65 元，淡季 30 元。观光车 20 元。

曾几何时，地处长城之北、黑戈壁之南、巴丹吉林沙漠之西、疏勒河古河床之东的金塔县，自然条件低劣，生存环境恶化。常常是“一阵风来一阵沙，有人行处无人家”。“流沙压农田，沙丘埋家园。西风打死苗，东风吹干田”的民谣，就是那时的真实写照。

经过中华人民共和国成立以来 70 年的全县治沙建设，金塔县已经取得了前人无法想象的成就。如今，仲秋的河西走廊，酷暑依旧，热浪扑面，但金塔县解放村水库沿岸郁郁葱葱的生态林，潮湖一带的胡杨林，却如一条绿色巨龙横卧于碧水与黄沙之间，守护着金塔人民的生命之水和生存环境。

金塔沙漠森林公园就是典型的现代沙漠景观，现已形成一条东西长 20 公里、南北宽 5 公里的人工沙漠绿洲。据资料介绍，

林海茫茫

胡杨林景区占地面积 8 万亩，由胡杨林核心游览区、沙枣林观光区、瀚海红柳林狩猎区、沙漠康体理疗区和芦苇湿地迷宫 5 个功能区组成。景区内分布着 1 万亩胡杨、5 万亩红柳、1 万亩沙枣、1 万亩芦苇，周边还有大面积的白杨等西北特色树种。其看点如下。

看胡杨，识史前“活化石”。胡杨是地球上最古老神奇的树种。在中生代以至新生代，胡杨就是地球的骄子、恐龙的伙伴。然而，任凭地球变迁，胡杨不变；任凭恐龙灭绝，胡杨不亡。它以极强的适应能力和生命力，成为第三纪残存的古老树种，站立于天地间已有一亿三千万年的历史了。它和银杏一样，具有植物界史前“活化石”之称。如今的地球上，再古老的树种，都是它的晚辈；

再美丽的植物，都是它的后代；再珍贵的生命，都是它的传承。金塔已成为世界上为数不多的保存这种古老树种的地方之一。

看胡杨，识大漠中最年轻的生命力。人们都说千年胡杨万年龟。但其实金塔胡杨并没有那么苍老。它们都是金塔人在20世纪50年代以来，为挡风沙、保护农田和县城而定植的活树苗，种一株要浇万担水，要护30年林，才能一株一株地长成了行，一行一行地长成林。所以，今天的人们看胡杨，什么年龄段的人，都能找到什么年龄段的树。你有多年轻，胡杨就有多年轻，胡杨永远与你同生共长。

看胡杨，话金塔发展。胡杨林的最佳观赏季节为9月下旬到10月底。秋风一吹，秋雨一掠，秋霜一染，层层叠叠的胡杨绿叶，

雪压胡杨

便在一夜间变成醉人的金黄，流金溢彩。届时，县上邀请国内嘉宾,在景区和县城举办金秋胡杨节,共赏胡杨美景,共话金塔发展。一次一次的投资热，带动了全县的发展。金秋胡杨节至 2019 年已成功举办了 10 届。

丨北凉遗事——金塔王子庄和威虏城遗址丨

到达：金塔县中东镇、古城乡。从县城搭乘到中东、古城的乡村公交车。

开放时间：全天。

门票价格：免费。

据《中国古代地名大词典》释:“王子庄堡,今甘肃金塔县治。清以州同分驻。”清代乾隆二十七年（1762 年），州同政府移驻金塔寺堡，将王子庄州同改为金塔县丞。《中华民国疆域沿革录》载：“金塔县，2 年（1913 年）4 月析肃州之王子庄分州辖地置。”

在中国历史上，早在 4000 多年前就有先民在王子庄一带定居，春秋战国属羌、戎之地。战国后期至秦代，活动在河西地区的月氏和乌孙是当时较强大的民族部落。现金塔境域，曾先后为乌孙王和月氏王领地。王子庄作为一个西部边陲的著名地名而存在了 1300 多年，不知世世代代演绎了多少悲欢离合的故事。

顾名思义，王子庄，便是王子居住过的地方。史实也是如此。这里曾是北凉王沮渠蒙逊长子沮渠牧犍的放牧之地。他发现这一带南北两山为阻隔，东西沙漠当屏障，一道道河流，纵横密布；

一片片绿洲，交错相连；一丛丛林木，柳绿桃红；一块块湖泊，碧波荡漾。虽因战事频繁，荒无人烟，但土地辽阔，气候适宜，金沙绿浪，水草丰盛，实在是一处天然草场，放牧佳地，可以为他那个虽偏于一隅，但却雄心勃勃的北凉“小朝廷”饲养战马，提供牛羊，扩充兵源，防守疆域。沮渠蒙逊病逝后，牧犍离开此地前去接任。此后，人们便把此地称作“王子庄”。

明太祖洪武五年（1372 年），征西将军冯胜平定河西之后，于十八年（1385 年）裁设威虏卫，归肃州管辖。明代嘉靖二十八至三十年（1549—1551 年），朝廷先后安插吐鲁番部族于金塔堡、王子庄、威虏城、白雁墩一带，也加速了金塔一带的开发，农牧业生产有了一定的发展。

看点一：王子庄遗址。在中东镇屯庄小学内，还保留着一段残垣断壁，就是王子庄当年的遗址。宽大的操场，整齐的校舍，周围的农田村庄，都建在当年王子庄遗址上。这个地方，曾作为清代城隍庙，是一个香火旺盛之地。在清末年间，曾作为酒泉闻家圈起义的“金王军”的重要据点之一，打造过刀枪，训练过队伍。中华人民共和国成立后，也曾作为中东中学的校舍，培养过大批农村建设的有用之才。

看点二：威虏城遗址。距王子庄遗址东北 5 公里处的威虏城遗址，也是北凉王子牧犍的放牧养畜之地。元代在这里建城，取名威虏。明代设置威虏卫，管辖王子庄全境，安置过吐鲁番部。清代的威虏城毁于动乱，居民外迁，城池荒废。原城中有一眼旺泉，周围形成湖泊，也不知毁于何时。现在的威虏城废墟还清晰可见，大部分坍塌的墙体，都形成了高出地面的土丘，只有城堡内南墙还保存较好。城外辟成了农田，城内长满了红柳、芦苇和白刺，成为羊群出没之地。也不时有人到这里登高望远，凭吊怀古。现为金塔县文物保护单位。

| 汉代军事博物馆——金塔“三城一关”与居延汉简 |

到达：金塔县城东北约 145~152 公里。从县城乘旅游车或出租车前往。

开放时间：预约（金塔县博物馆，电话 0937-4428972）。

门票价格：免费。

黑河经张掖入三峡，过鼎新绿洲，进入一片荒漠之中。东有巴丹吉林大沙漠相逼，西有北山余脉相阻，黑河只能在此夺路北去。恰好在这里形成了重要的军事通道，自古就是南入河西走廊、北通居延关塞的门户，历来为兵家必争之地。西汉政权为了防止远循北漠的匈奴骑兵卷土重来，从这里撕开一道口子，一路南下，威胁河西四郡的安全，因此，在这里构筑了三城一关的军事防御体系。南有隔河相守的东西大湾城，中有扎营筑寨的地湾城，北有与阳关、玉门关同等重要的肩水金关。

看点一：山环水绕的大湾城故址。本来湍急的黑河水，在这里拐了个大弯，河水变得缓和多了。汉代肩水都尉府就建在黑河的东西两岸，依山傍水，遥相对峙。平时，两城车马涉水过河，

东大湾城

相互往来，运送物资，传递公文；战时，水路封闭，山路堵塞，任凭强大的铁骑，也难以逾越。作为主城的东大湾城既有内城，也有外城，还有障隧，平地拔起，显得高大而坚固。现在残存的城墙墙体，为夯土版筑。城上有残高 7 米的烽台，城下有残深 7 米的壕沟。东西大湾城虽隔河而筑，相距却也不过 2 公里。东大湾城相比西大湾城保存稍完整一点。城墙基宽 8 米，顶宽 3.4 米，残高 8 米。不知在什么年代，黑河涨水，漫上岸来，冲毁了部分城墙。大湾城四周的开阔地带，分布着零散的宜耕土壤，并且有耕种过的痕迹。可能是当年戍边守城将士的屯田遗迹。宋元时期也还有人居住过，耕种过汉代遗弃的土地，也放牧过牛羊。但毕竟这里偏远荒凉，人们陆续退出，远走他乡，没过多久这一带就成了一片荒原。

看点二：三坞一障的地湾城故址。地湾城南距大湾城 6 公里，是汉代肩水侯官所在地，由障城、坞城和虎落构成一座长宽

地湾城遗址

各 100 米的正方形城堡。城墙均为黄土夯筑。障位于故城东北角，呈方形，东西 21.7 米，南北 22 米，墙体上有成排的洞口，保存较好，障的底部是一座关押犯人的监狱。坞在障的南、西两侧，残高 8.4 米。平面呈长方形，没有得到很好的保存，大部分坞墙已经坍塌，只能看到一些残迹。障和坞的部分墙外，还有数排虎落，沟宽 2.6 米。地湾城作为古代的一座军事城堡，从现有残存就可看出设计者的匠心。

看点三："固若金汤"的肩水金关故址。肩水金关南距地湾城 1 公里，为汉代烽塞关城，是南进河西四郡、北通居延要塞的咽喉关口。把住了肩水金关，就是守住了南北通道。主要建筑由关门烽台、坞和堡构成。现仅存方形烽台一处，墙体用黄土夯筑。

肩水金关

看点四：古代军事档案——居延汉简。汉代屯边的将士，把重要的文书遗留在了荒凉的沙漠中。1908年4月，俄国探险队闯进居延一带，本想掘墓盗宝，寻找西夏国遗留的奇珍异宝，大发一笔横财，没成想在肩水金关，无意中发现了一批比金银财宝还值钱的汉简。后经中外考古工作者多次考察发掘，仅在“三城一关”就出土汉简2万多枚，占居延汉简的三分之二，成为研究我国古

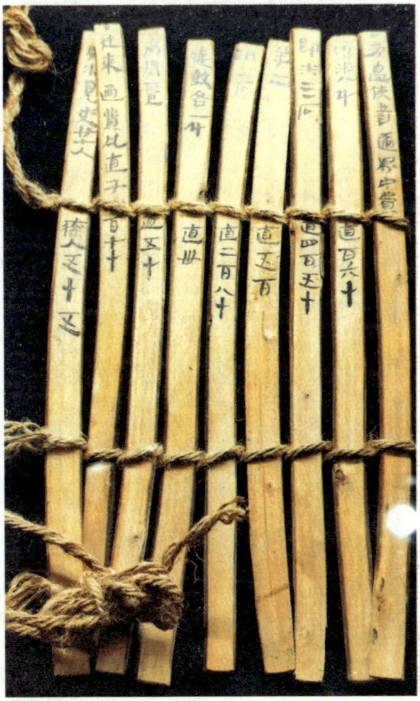

居延汉简

代史十分重要的实物遗存和文字资料。

丨弱水三千留美境——“黑河三峡”与“黑河环流”景观丨

到达：距金塔县城35公里。从县城乘旅游车或出租车前往。

开放时间：全天

门票价格：免费。

当黑河流过张掖、临泽、高台绿洲，要进入金塔之境的时候，一改舒缓而散漫的步履，聚集所有的能量，变成了轰天震地的激流，敲开了合黎山的悬崖绝壁，撞进了隔天阻地的“三峡之境”。

镇夷峡是黑河经高台北流金塔、下泻流沙的唯一孔道，也是黑河三峡的第一峡。观其地势，察其山形，峡口狭窄，壁陡石怪，如斧劈刀削一般，当地人称之为石峡。有人曾为此惊呼：“山岭重叠，壁立千仞，飞鸟难渡，黑水中分，仅此一线。”由于北方的天气很少有大雨大雾，镇夷峡也就没有了“巫山巫峡气森森”的沉闷，倒是多了几分天的辽远，山的苍茫，水的狂涛。从峡内到峡外，随处可见文化古迹遗存。黑河古渡、苏台云杳、紫塞平沙、赵墓烟冥、石峡晚翠、红崖早霞、东山峭壁、西岭生盐等“镇夷八景”，就是这里壮美的景致。因其丰厚的历史文化底蕴和独特的自然风貌，镇夷峡已成为镶嵌在黑河之上的一处别具特色的风景名胜。这里，恰好处在高台、金塔和阿拉善右旗三地交界之处，可谓鸡鸣两省三县的通幽之地、探险之境。历史上大禹治水、老子骑青牛走合黎的传说都发生在这里。其地理位置，险如一道关山闭河的屏障，自古就有“天城锁钥”之称，为历代兵家所看重。

镇夷峡之下，便为阎家峡。相传，清代这里出了一位名将阎相师，智勇双全，在平叛中屡建奇功，为清廷所重，官至甘肃提督，死后又被加赠太子太保荣衔。乾隆为此赐碑：“从征戈壁，威行葱岭之西；跃马崦嵫，勋策凌烟之上。”因此，峡以人命名，便称为阎家峡。

出了阎家峡，峡谷越来越窄，气势越来越险，河水越来越急，大有唐诗中那种“上有万仞山，下有千丈水；苍苍两崖间，阔峡容一苇”之势。这就是有着“黑河险峡”之称的赵家峡，河水在这里悠缓而进，奔腾而出；风雨在这里平静而来，狂躁而去；山鹰在这里盘旋而来，呼啸而去。而车辆和人马则无路可走，无阶可攀，无孔可入。只能远观其险，遥想其势。据说，这就是唐诗中“但使龙城飞将在，不教胡马度阴山”中所写的“龙城古道”。“龙城古道”也是一条英雄古道。被霍去病赶走的匈奴军队，总是不甘心“家园”的丧失，屡次卷土重来，战火常年不息。公元前 70 年，汉宣武将军赵通，重赴河西，再讨匈奴，在“龙城古道”打响了一场激战，以匈奴的彻底失败而结束。战后的赵通镇守镇夷峡，垦荒屯田，修筑烽墩，现在仍有“甘泉济众”碑为其彰功。

承接黑河三峡的，是当代人们建造的一座大型水利设施——大墩门水利枢纽工程。依地势而建，跨激流而居，恰似蜿蜒的黑河戴上了一只精美绝伦的“玉镯”，在河水无休止的冲刷下，叮

黑河大墩门

当作响，清脆悦耳。开闸前，水色淡如空，山光复相映，充满了诗情画意。开闸后，轻波摇空出，浊浪归一流，调节着鼎新、航天两镇以及额济纳旗的农牧业用水。

由于黑河两岸沙连阡陌，山谷纵横，山、水、沙共存，河、塞、烽并行，人、畜、鸟同饮，形成了罕见的大漠奇观——黑河环流。在这里，随风而来、随风而去的沙子，聚集多了，堆成山了，也就成景了。座座沙丘，雄踞河畔，凌空而立，上迷天日，下障通途，绵延不绝。沙峰、沙海、沙浪就像一个巨大的军事棋盘一样，黑的山，黄的沙，白的水，绿的树木，相连接，相映衬，大有伏兵百万之雄壮。在这万丈沙崖和平沙旷野之间，黑河就是一条绢带飘浮其中，千曲百折，缤纷翻飞。放眼远眺，山峦起伏，连绵不绝，沙山相依，向远方延伸。黑河两岸长城林立，烽燧遍布，绿洲连绵，麦浪滚滚，繁花似锦，硕果压枝，飞鸟凌空，鱼翔浅底。

| 这里有条通天的路——酒泉卫星发射基地景区 |

到达：酒泉市东北 210 公里，距金塔县城 160 公里。从酒泉市区或金塔县城乘旅游车或出租车前往。

开放时间：无发射任务期间开放。上午 9：00—12：00，下午 15：30—18：00。

政审费：50 元。

酒泉卫星发射基地，也叫东风航天城。据 2018 年《中国工业遗产保护名录第一批名单》载，酒泉卫星发射中心所在地：甘肃省酒泉市。始建年代 :1958 年。主要遗存：完整的火箭、卫星测试、发射设施；卫星发射中心场史展览馆、革命烈士陵园；垂直总装厂房——亚洲最高的单层建筑；5020 发射工位、138 工位、载荷总装厂房、发射测试站、主副着陆场等入选“中国工业遗产保护名录”。入选的理由：中国创建最早、规模最大的综合型导弹、卫星发射中心，世界三大发射场之一；先后完成了中国的第一枚地对地导弹发射、第一次导弹核武器试验、第一颗人造地球卫星发射、第一颗返回式人造地球卫星发射、第一枚远程弹道导弹发射、第一次“一箭三星”发射、第一次为国外卫星提供发射搭载

航天城问天阁

服务、第一艘载人飞船发射等。同时，也是被文化和旅游部、中国科学院推选的“首批中国十大科技旅游基地”。

看神州号发射场，圆飞天梦。发射场有技术安装塔和发射塔，中间用铁轨连接。1999 年 11 月 20 日，我国第一艘载人航天试验飞船——“神舟”号发射升空，次日成功着陆。2001 年 1 月 10 日，“神舟”二号遨游太空近 7 天。2002 年 3 月 25 日，“神舟”三号飞船成功发射。2003 年航天英雄杨利伟乘坐“神舟”五号，圆了中华民族的飞天梦。随后“神舟”六号把费俊龙、聂海胜，“神舟”七号把翟志刚、刘伯明和景海鹏，“神舟”九号把景海鹏、刘旺和刘洋等航天功臣送上了太空。

看东方红一号发射架，听太空音乐。20 世纪 70 年代，经过上千名专家历时 3 年研制，东方红一号卫星，在长征一号运载火箭的推动下，飞上太空进入预定轨道。东方红的音乐通过无线电波在太空回响。“东风三号”中程导弹全程试验、“东风四号”导弹初期试验和“东风五号”洲际导弹飞行试验也在这里成功完成。同时，这里也曾是卫星飞行实验发射场地。

看东风场史展览馆，学航天精神。张爱萍题写馆名的“基地历史展览馆”，位于发射中心 10 号区东风路，主要由前厅、主展厅两部分组成。巨幅图片“中国飞天港”，展示了基地壮观雄伟的全景。东风系列导弹、长征系列运载火箭以及东方红一号卫星等模型，重现了我国航天事业的发展历程与成就。展厅内 1000

酒泉卫星发射塔

余幅珍贵图片和近百件历史文物，全方位地详细介绍了党中央高瞻远瞩的英明决策，两弹一星功勋们呕心沥血的非凡成就，全体航天人顽强拼搏的巨大奉献。

其中收藏了大量史料，还有火箭发射回收的残骸，各种火箭、卫星模型及光电模拟发射现场等，系统地再现了基地各个时期的情况及各次发射的记录，体现了“热爱祖国、无私奉献、自力更生、艰苦奋斗、大力协同、勇于攀登”的“两弹一星”精神，“热爱祖国、为国争光的坚定信念，勇于登攀、敢于超越的进取意识，科学求实、严肃认真的工作作风，同舟共济、团结协作的大局观念和淡泊名利、默默奉献的崇高品质”的航天精神和“特别能吃苦、特别能战斗、特别能攻关、特别能奉献”的载人航天精神。

看东风革命烈士陵园，缅怀英烈。张爱萍上将题写了“东风革命烈士陵园”的园名，聂荣臻元帅题写了“东风革命烈士陵园”碑名，江泽民同志题写了“聂荣臻同志永远和我们在一起”碑文。每次承担重大发射任务前，官兵和科技人员都要前来向先烈致敬。清明扫墓，凭吊先烈。东风革命烈士陵园现已成为革命传统和爱国主义教育的重要基地。

十四、抖擞精神走玉门

【名家游记】

我用手一指叫："看哪，又是沙市！" 司机笑起来："这回不是沙市，是玉门油矿到了。"说实话，尽管早就知道这儿有个油矿，一旦来到矿上，还是不能不吃一惊。

玉门新城区

我万没想到，竟建设起这样一座漂亮的城市。让我们看看市容，最好看的还是夜景。夜晚，你爬到高岗上，就会看见在祁连山脚下，在戈壁滩上，密密点点，全是灯，比天上的星星还密。

——杨朔《西北旅途散记》

玉门市是以石油工业为主的城市，又是我国最早发现和开采的油田之一，20 世纪 50 年代初被誉为石油城。玉门市位于酒泉地区中部，东连嘉峪关市和金塔县，西与瓜州县接壤，南北两面与肃北蒙古族自治县为邻。现在的玉门老城区是伴随着玉门油田的发现、开发而建立并发展壮大的。在油矿开发之前，它是一片

玉泽湖景区

荒地，远离城镇，又无居民区和地理名称。清同治年间，当地的淘金乡民，在一条名叫石油河的东岸修建了老君庙，故以“老君庙”为地名。后因在玉门市境内采油，故称玉门油矿。2009 年，玉门市被国务院正式列入全国第二批资源枯竭城市名单，拉开了资源枯竭型城市转型的序幕。玉门石油管理局生活基地迁至酒泉城区，玉门市政府驻地迁至玉门镇地区，现已经发展为一座新型城市。

玉门市，总面积 1.35 万平方公里，总人口 18.89 万人。辖玉门、赤金、花海、东镇 4 个镇，下辖西号、黄闸湾、柳河、昌马、清泉、小金湾、独山子、柳湖、六墩 9 个乡；有 45 个村，226 个村民小组。玉门市属高寒山区型气候，降水量少，蒸发量大，日照时间长，年平均降水量为 140.2 毫米，蒸发量为 2820.3 毫米。被评为中国新能源产业百强县、全国生态文明先进市、省级全域旅游示范地。

旅游资源有昌马石窟、砂锅梁遗址、下灰庄遗址、昌马拱伯滩遗址、骟马城遗址、赤金堡遗址、黄花营烽燧及边墙遗址、火烧沟文化遗址、老君庙老一井、石油工人雕塑、玉门油田发展史陈列馆、铁人王进喜故居纪念馆、孙建初纪念碑、404 核工业基地、玉门博物馆、昌马石窟、昌马岩画、昌马地震断裂带、昌马水库、花海自然保护区、干海子候鸟自然保护区、昌马河自然保护区、玫瑰沟风景区、玉泽湖公园、油城公园、赤金峡景区。

| 共和国的血液——中国的第一个石油基地 |

到达：距玉门新市区 90 公里。从玉门市区乘班车或出租车前往。

开放时间：全天。

门票价格：免费。

东距酒泉市区 152 公里、西距玉门市区 90 公里的玉门油田，地处石油河、白杨河畔的祁连山北麓、酒西盆地腹地。自古就有山中流出石油的说法。最早的记载有《后汉书·博物志》："县南有山，石出泉水，大如筥篷，注地为沟，其水有肥，如煮肉洎，羕羕永永，如不凝膏，燃之极明，不可食，县人谓之石漆。"1938 年抗日战争期间，筹备开发油田。80 年过去了，特别是中华人民共和国成立 70 周年以来，玉门儿女，一代接一代，艰苦奋斗，祁连山上竖油架，戈壁滩上探油井，先后开发老君庙、石油沟、鸭儿峡、白杨河、单北、白西、青西、吐哈等油矿，为中华人民共和国的建设输入了源源不断的血液，为祖国各大油田的寻找、勘探和开发，石化企业的建立和运营输送骨干力量近 10 万人和各类设备 4000 多台，真正成为共和国石油工业的摇篮、脊梁和支柱。

看点一：孙建初纪念碑。在玉门油城公园，有一尊孙建初的雕像和一座石碑。据《玉门油田大事记》记载："早在 1935 年，我国著名地质学家孙建初经过 3 个多月的深山跋涉，横跨祁连山脉，来到玉门考察石油资源。1937 年 9 月，孙建初从兰州出

玉门油田开发碑

发，第二次考察玉门，对石油河两岸地层断裂情况进行了分析，在石油沟发现了两处干油泉，并认定这里就是未来中国的大油田。1938 年 11 月 28 日，孙建初第 3 次前往玉门勘探。他们一行 9 人骑着骆驼，驮着帐篷、测量仪器、行李，穿越茫茫戈壁滩。1939 年 5 月 6 日，根据孙建初所定的井位，老君庙油田钻探工作正式开始，玉门油田第一口油井开钻。当方井导洞挖至 23 米处时遇到油层，黑乎乎的油流，沿着砂层缓缓渗出、流淌。”孙建初纪念碑碑文最后说：“望祁连之巍峨，瞻斯碑之耸峙，功在人民，永式来兹。”

玉门石油河

看点二：油一井。玉门油一井位于祁连山入口处、石油河东岸和老君庙北，因此，也叫老君庙油井。1939 年 3 月，在周恩来的关怀下，从延安延长油矿调来的第一部钻机，就安装在油一井。石油工人边安装边学习，很快就开始顿钻凿进，完井投产。同时，选派技术人员赴国外考察学习，聘请外籍工程师到矿传授技术。钻井、采油、炼油开始采用近代石油工业的工艺技术，大规模的开采阶段开始。到抗战结束，老君庙油田第一深井钻至 658.48 米深，有力地支持了抗战事业。

看点三：油田展览馆。全馆用实物和文字资料，以及声光电

孙建初纪念碑

的效果，展示了玉门油田的艰苦创业史。重点介绍了玉门油田工业从无到有、从小到大、从弱到强的发展历程，歌颂了石油工人无私奉献的精神，哪里有石油，他们就奔向哪里，像种子一样撒遍了中国石油工业的角角落落。正如诗人李季写的“苏联有巴库，中国有玉门。凡有石油处，就有玉门人”。朱德也为玉门油矿题词：

“玉门新建石油城，全国示范作典型。六万人民齐跃进，力争上游比光荣。”

看点四：铁人干部管理学校。近些年来，随着玉门油田基地生活区和办公区迁入酒泉市区，原玉门老城区的大部分建筑闲置。2018 年，酒泉市委和玉门市委利用和依托废弃的楼房、窑洞和油井，开办了铁人王进喜干部管理学校，对全市干部、党团员进行油田发展史、铁人精神、艰苦奋斗作风、反腐倡廉规定和党的有关方针政策的教育，成为我国西北地区红色教育基地。

| 拼命拿下大油田——铁人王进喜故居 |

到达：玉门市赤金镇和平村，距玉门市区 32 公里。乘玉门新市区到老市区的班车，在赤金镇和平村下车前往。

开放时间：7：00—19：00。

门票价格：免费。

玉门市于 1993 年 10 月在赤金镇和平村，建立了“铁人”王进喜故居纪念馆，成为了解和学习“铁人”精神的重要场所。纪念馆依照 50 年代王进喜在农村居住的房屋式样修建，基本保持了原“铁人”故居的面貌，陈列着近年来搜集的“铁人”在玉门和大庆用过的部分物品。展览馆内挂有记录王进喜同志人生历程的图片 260 多幅，实物 100 多件，分苦难经历、创业玉门、会战大庆、心系家乡、精神永存五部分。有“铁人”在生产第一线身先士卒、忘我劳动的现场留影，有党和国家领导人毛泽东、周恩

铁人故居

来等与“铁人”在一起的珍贵照片，向人们简明、系统地介绍了“铁人”王进喜平凡而伟大的一生。纪念馆先后被评为国家3A级旅游景区，酒泉市爱国主义教育基地、酒泉市国防教育基地、甘肃省廉政教育基地、甘肃省中共党史教育基地、甘肃省爱国主义教育基地、中石油企业精神教育基地、甘肃省科普教育基地、甘肃省关心下一代基地等。至今，已接待了来自全国各地的参观者150多万人次。

看点一：贫困的童年和苦难的矿工生活。1923年，王进喜出生于玉门赤金乡和平村，父亲双目失明，家境十分贫寒，6岁时就拿起了打狗棍，四处讨饭，以度荒年。后来他拾过粪，打过柴，放过牛，干过农活，受尽了地主的剥削。1938 年进玉门油矿当学徒工，谁知出了火坑，又入了地狱。因工伤被赶出油矿，生活无了着落。后来伤好了，也不能像正常人一样进矿工作，只好冒名顶替，才在油矿混了个出苦力、干杂活、混口饭吃的差事。这样一干就是十几年，住的是破窑洞，盖的是烂羊皮，连一卷暖和一点的铺盖也没有。

看点二：祁连山上标杆队。中华人民共和国成立后，翻身做主人的王进喜，当上了一名石油勘探工人。他热爱石油事业，没有文化就进夜校学，不懂技术就边干边学，进步很快。1956 年，他勇挑重担，当上了 1205 钻井队队长，并光荣地加入了中国共产党。在当时祖国建设最需要石油的岁月里，他提出了“月上千，年上万，钻透祁连山，玉门关上立标杆”的口号，并带领钻井队全体人员，团结一致，克服困难，成为玉门油田一支能打硬仗、敢于争先的队伍。1958 年 10 月 19 日的《人民日报》刊载了新华社发布的消息：玉门王进喜钻井队 9 月份完成钻井进尺 5009 米，创全国最高纪录、世界少有纪录。为此，1205 钻井队实现了“玉门关上立标杆”的誓言，获得了“钢铁钻井队”的称号，王进喜成为石油行业的“钻井闯将”，获省劳模、全国劳模荣誉称号。

看点三：松辽平原大会战。1960 年，东北松辽平原发现了大庆油田，王进喜与他的 1205 钻井队，从玉门登上东去的列车。他们决心大干一场，为摘掉我国贫油的帽子做出新的贡献。3 月

15日，他们来到了大庆。由于搬运机械没有到位，1205钻井队的钻机无法搬运，心急如焚的王进喜一天都等不住，就和全体队员人拉肩扛，仅用了三天三夜，就把钻机搬到了工地，矗起了40多米高的井架，拉开了紧张的钻井夺油大会战的序幕，实现了他“有条件要上，没有条件创造条件也要上”的英雄誓言。

看点四：铁人名字响天下，铁人精神振人心。在激战大庆的岁月里，王进喜又发出“宁肯少活20年，拼命也要拿下大油田”的誓言，带领全队工人，吃在工地，睡在井场。每天他起得最早，睡得最晚。哪里有危险，他就出现在哪里。什么活最苦最累，他就干什么活。没有水管就“端盆提水”，没有水泥搅拌机就用“身体搅拌”。大庆第一口质量全优的油井和钻井速度的最高纪录，都是出自他率领的钻井队。人们都称他为“铁人”，他也不负这一称号，干出了一番“铁人”的业绩，为石油战线和全国人民树立了学习的典范和楷模。

| 埙声悠悠——玉门火烧沟文化遗址 |

到达：距玉门新市区71公里。乘玉门市区到清泉镇的乡村公交车。

开放时间：8：00—18：00。

门票价格：免费。

玉门市清泉乡有个不起眼的地方，这里山峦起伏，沟梁纵横，石焦土赤，似大火烧过的一样，人称“火烧沟”。一听就是一个

火烧沟三立犬鼎

火烧沟人形罐

令人感到枯焦和荒凉的地方。却不知，4000多年前的原始部落就生活在这一带，上山可打猎捕兽，下滩可放牧牲畜，进地可耕种收获，回家可居住房屋院落，这里完全是他们的一方田园乐土。

20世纪70年代初，清水乡破土动工，要在这里盖一所中学。施工中，意想不到的情形出现在了人们面前，一个古墓葬群的出现，惊动了考古界。经过考证，被确定为新石器时代后期的人类文化遗址，出土了大量距今约3700多年的各类文物，被命名为“火烧沟文化”遗址，现已成为“全国重点文物保护单位”。被《中华遗产》杂志评为“最具中华文明意义的百项考古发现”之一。

看点一：火烧沟文化遗址，是一个不同时代的“三重墓葬”。最上面的一层，主要是魏晋墓和部分汉代墓；中间的一层多数是汉代墓；最下面的一层共有墓葬312座，为新石器时代后期原始人类的墓葬。这一现象说明，从新石期时代到汉代及魏晋时代，火烧沟一带一直有人类生存，创造了灿烂的文化。墓中出土的文物和附近的黑山岩画，都是有力的证据。至于现在的当地居民，大都是明清以来的外地移民。

看点二：远古的火烧沟人，创造了丰厚的羌氐文化。《说文解字》说："羌，西方牧羊人也。"从出土的文物看，精致的动物骨制品比较多。他们能把马匹、骆驼、牛羊、猪狗等家畜，以及野牛、羚羊等兽类的骨头，制成各种生产、生活用品及装饰品。他们用动物的皮、毛、角一来缝制衣服，御寒、保暖和防晒；二来用此制作舞蹈的道具和装饰品；三来用此制作工艺品，美化生活与环境。同时出土文物中还有大量的农作物种子，说明他们在狩猎、放牧的同时，农耕业也有了一定的发展，生活由动荡不安逐步走向了稳定。

看点三：远古的火烧沟人，有了技术纯熟的制造业。他们的随葬品中，陶器居多，有造作细腻、纹理清晰的彩陶、红陶、夹粗陶等。当时人们的生活已经离不开陶器了，河边取水，家中盛米，当礼品送人，作陪葬品入墓，陶器都是上等的物件。开山炼铜，凿玉为器、打石为磨，已是普遍的技术，为越来越多的人所掌握。不仅居家需要的铜器、石器、玉器以及金银器，讲究越来越奢侈豪华，就是打猎和战时用的刀、矛、镞等武器，也都齐备而先进。

看点四：远古的火烧沟人，已具备了音乐的天赋。在远古时期，各种杂音、乱音，如天上的雷声、地上的风声、动物的嘶叫声充斥天地间。火烧沟人就是通过自己的听觉，从杂乱的音响中，分出了悠扬动听的音乐，并且把打猎时用的石流星，改造成了音域宽广、音量低沉、穿透力很强的埙。埙虽只有3个音孔，却能吹奏出宫、角、徵、羽4个骨干音。用来打猎，也会让野兽们在悠悠埙声中，失去逃避和抵抗的能力。后来，埙走进了人们的生活，成了一种艺术享受。至于埙受到贵族们的欣赏，成了宫廷乐中的重要乐器，那已是之后的事了。

| 大河日夜流——疏勒河项目景区 |

到达：距玉门新市区40公里。乘玉门市区到昌马乡的班车，在昌马水库下车前往。

开放时间：8：00—18：00。

门票价格：免费。

中国有句古话："日月往西，水流往东。"可偏偏发源于祁连山脉西端的疏勒河，上游水丰流急，穿峡出谷，北出昌马盆地；到了中游，又以十条分支河流的气势，北越冲击平原；下游水流汇拢后，折而向西，经玉门、瓜州、敦煌绿洲，先后接纳踏实河、党河尾水，过玉门关，一直涌进流沙，消失在了茫茫瀚海之中。

20世纪90年代，一场总投资26.73亿元，牵动全省的"兴西济中、扶贫开发"大战略、大工程，就摆在了这条西流河之上。经过数年的奋战，疏勒河工程建设进展顺利，取得了新成就，整个流域面貌发生了历史性的变化。

天境昌马

看点一：宏伟的昌马水库枢纽工程。一道高 54.8 米，长 366 米的人工大坝，将湍急的河水拦截下来，形成了总库容 1.94 亿立方米的高峡平湖。滚滚波涛，在这里变成了碧水茫茫的新景观。与附近的昌马石窟连接成了新的旅游景区，与顺流而下的双塔水库、赤金峡水库形成了连珠效应，共同调节着灌区工农业用水。

看点二：风急浪高的动能大峡谷。昌马水库前的天生桥一线，山势落差大，水流湍急，气势磅礴。已建成柳沟峡、青羊沟、黄土湾、鱼儿红和昌马水库等水电站，与疏勒河下游两岸的风力发电网联成一体，使电力走廊名副其实。

看点三：调控有序、高效运行的水利体系。昌马水库以下，新建和改扩建干、支渠 1248.89 公里；新建、改建排水干支沟

500 公里，新打机井 728 眼，形成蓄水、发电、输水、排水、防洪等功能齐全的水利基础设施。结束了疏勒河灌区“秋冬水白流，春夏贵如油”的历史，将祁连清流源源不断地输送到昌马、双塔、花海三大灌区。

看点四：设施配套的移民新村。近年来，新建玉门市独子乡、疏勒河乡、毕家滩乡、六墩乡、柳湖乡，瓜州县双塔镇、广至乡等移民乡镇，安置甘肃中部 11 个县的移民 7.5 万人。新开发配套农田 40.82 万亩，使移民实现了“一年搬迁，两年定居，三年解决温饱，四五年开始致富”的目标。

看点五：绿洲在扩大，湿地在增加。新建设的水利工程，有效地调节了疏勒河的水流，减少了水土流失，改善了局部气候，

昌马河畔的丹霞地貌

保护了生态环境。使干枯多年的玉门干海子水面的天然植被得到了恢复，重新成为候鸟的栖息之地。瓜州县桥子生态保护区、敦煌西湖国家级自然生态保护区以及灌区防风固沙林，有了连续不断的补充水源，再现“风吹草低见牛羊”的景色。

| 深山香火——昌马石窟群和岩画 |

到达：昌马乡水峡村，距昌马乡政府 5 公里。从昌马乡政府乘出租车前往。

开放时间：全天。

门票价格：免费。

敦煌石窟群之一的玉门昌马石窟，开凿在疏勒河畔的崖壁上，洞窟距地面高约 30 米，南有祁连峻峰，北有大坂屏障，山高水险，给人以高不可攀的感觉。依山而凿的洞窟，整齐排列。现存南段 4 窟，中段 4 窟，北段 3 窟。唯有中段第 2、第 4 两窟，保存有较完整的壁画。

石窟开凿时间，从壁画内容看，可以追溯到五代以前的北魏时期。传说，过去的昌马，是一处藏在深山空谷中的世外桃源。没有农耕的村民，也没有放马的

昌马石窟碑

昌马石窟远眺

牧人。一天，不知从哪里来了位云游的僧人，被如此美景所吸引，认定这里是一处难得的神佛居住之地，便供奉香火，动工凿建洞窟，绘制壁画，于是有了一处难得的石窟。唐代薛丁山和樊梨花西征，曾在这里养过战马，便把这里叫了“昌马”，山中的石窟，也就叫了昌马石窟。

据《敦煌学大辞典》释：“现仅中间四个窟内还保留着一些造像和壁画。以第 2 窟和第 4 窟保存较为完整。洞窟形制为中心柱窟。中心柱每面开双层龛造像，大多已毁，留有残迹。壁面原画已毁，现存为西夏重绘。壁画内容有坐佛、菩萨、骑狮文殊、骑象普贤、经变故事、供养天女、飞天、缠枝莲花团花图案等。”

昌马石刻岩画。在昌马群山中的岩石上，还发现了多处石刻岩画，可能是远古时期在河西走廊放牧狩猎的羌族、月氏或匈奴族人的文化遗存。岩画画面并不复杂，多以单线条凿刻出大致的轮廓，然后把内部的轮廓打磨平整，显得古朴而自然。内容以动物为主，马、骆驼、羊等被刻画得粗犷而生动，也有一些是狩猎图，场面生动，形象逼真。

| 怪石嶙峋——玉门魔山地质公园 |

到达：距玉门市区东南 30~50 公里。从赤金镇政府乘出租车前往。

开放时间：全天。

门票价格：免费。

祁连山北麓，在鱼儿红牧场与赤金镇之间，有一座并不太高，也算不上雄伟的山峰，隐藏在层层叠叠的峻岭奇峰间，一般得不能再一般了。但它却有一个奇特的名字——妖魔山。要说特征，就是它那遍体的大小窟窿，窗不像窗，门不像门。据说，这些窟窿，不管是远是近，是高是低，都是相通的。风从这面的洞中吹进，会从背后的洞中刮出；话从这个窟窿传进，拐几个弯又从另一个窟窿中传出。更奇怪的是，只要从远处看到妖魔山头的乌云不再飘散的时候，方圆多少里都会下起猛烈的大雨。妖魔山下的大峡谷，因长有红柳，也成一景，因此人称红柳峡。

红柳峡周围 500 多平方公里以内，已被规划为玉门魔山地质公园，核心景区面积也达 256 平方公里，分布着 40 多种中生代古生物化石。

看点一：硅化木。据《辞海》释："硅化石，是木化石的一种。系植物木材部分经石化而成。其化学成分主要为二氧化硅。"硅化木在我国古生代、中生代地层中发现甚多。唐代诗人陆龟蒙就有"其间绕古松，往往化为石"的诗句。魔山地质公园硅化木，是我国最为密集、最为集中的硅化木群，现为省级地质公园。其

魔山地质公园

中，有 119 棵硅化木裸露出地面，为古松柏的遗体，具有 1.4 亿年的地质龄。

看点二：蝴蝶化石。据《兰州晨报》报道，酒泉市堪称“古生物化石的故乡”，曾出土鹦鹉、恐龙、鳄鱼、始祖鸟等物种化石。尤其是赤金镇一带发现的蝴蝶、蜻蜓等昆虫类化石，有完整的翅膀、头部、胸部、尾部，特别是翅膀上的纹路十分清晰。这些化石经过上亿年沧海桑田变化能保存至今，弥足珍贵。

看点三：丹霞地貌。妖魔山下红柳谷还分布着大片五彩斑斓的丹霞地貌。山峰体态，有各自独特的形状，如光照山岩，灿若锦绣，天工织就，惟妙惟肖。有的山体伏地，如爬行千年的乌龟；有的山峰翘首向天，就像跃跃欲试的企鹅；有的山峰半立半卧，像伏卧的猎狗，随时都有冲上前去捕获食物的可能。这一切，都处在丝路古道上，是人们来酒泉和玉门的绝佳观光旅游之地。

十五、方言俗语话瓜州

【名家游记】四日晨，发布隆吉抵安西。7时启程，1里，出北门，有土屋数家。6里，过小河，即布隆吉尔水也，源发于城西南30余里，柳湖之七星泉。30里，过窟窿河桥。窟窿河，蒙古语称扎葛尔乌珠水，以源出土葫芦村，故又名葫芦水，西北流入疏勒河，相传水中多大穴。上狭下广，回波甚急。西数十步，即双塔堡，为唐之玉门关，居民六七家，西面两山，南北对峙，中贯一河，南山则双塔矗立，北山则一墩高耸，中央则疏勒河西流，碧影摄天，望之如正门大启，西域咽喉也。北墩名苜蓿峰，为关外五峰之一，岑参寄家人诗云："苜蓿峰边逢立春，葫芦河上泪沾巾。闺中只是空相忆，不见沙场愁煞人。"即指此也。

——民国高良佐《西北随轺记》

瓜州县位于酒泉市西北部，东接玉门市，西连敦煌市，西北与新疆维吾尔自治区接壤，南北与肃北蒙古族自治县为邻，地势呈东西倾斜，海拔1170米。属温带干旱气候，夏热冬寒，降水量少，蒸发量大，日照时间长。年平均降水量为45.7毫米，蒸发量为3140.6毫米。

瓜州在西汉时，属敦煌郡领地，汉以其地分渊泉、冥安、广至3县，并均建有城池。安西旧城建于清雍正五年（1727年），因盐碱严重，地面潮湿，房屋倒塌严重，于1970年废弃。现在的新城在旧城南1.5公里处，1970年开始迁建。全县总面积2.4万平方公里，总人口14.95万人。辖渊泉、柳园、三道沟、南岔、锁阳5镇，河东、布隆吉、腰站子、七墩、沙河、双塔、梁湖、西湖、瓜州、广至10乡，42个行政村，9个社区居委会。2020年被命名为国家园林县城。

| 峡谷佛声——瓜州榆林窟景区 |

到达：距瓜州县城75公里。从瓜州包车前往，还可一起游览榆林窟、锁阳城和东千佛洞。前往景区的途中还会经过一些古城遗址，可以免费参观。

开放时间：旺季（5月1日—10月31日）9：00—17：30；淡季（11月1日—次年4月30日）10：00—17：00。

门票价格：40元。

瓜州东千佛洞出土的千手观音绢画

榆林窟，又名榆林寺、万佛峡、下洞子，属敦煌石窟群之一，位于瓜州县西南 75 公里处的榆林河峡谷，与汉代常乐城、石包城、唐代锁阳城遥遥相望。1961 年，榆林窟被列为全国重点文物保护单位，属敦煌研究院管辖。

在祁连山北麓，由泉水汇聚成的榆林河，进入瓜州县境内，在茫茫戈壁上冲刷出一道大峡谷。咆哮的河水在谷底奔流，榆林

榆林窟

窟就坐落在两岸陡峭的崖体上。据《敦煌学大辞典》载："榆林窟开凿时代不详，现有洞窟最早建于唐代，经五代、宋、回鹘、西夏续建，终于元。共有洞窟41个。其中，东崖30个，西崖11个。窟形、彩塑、壁画的题材和特点，与莫高窟十分相似，均属敦煌佛教艺术范畴。"窟内现存5650平方米壁画和10826铺彩绘佛、道教图，272身彩雕造像，具有很高的历史和艺术价值。

榆林窟第 25 窟菩萨会变图

看点一：唐代第 25 窟。保存比较完好的第 25 窟，为中唐时期的壁画。尤其是《西方净土变》《弥勒变》及其《舞乐图》，色调清新，结构严谨。在人物形象的塑造及敷彩上，都充分体现了唐代丰腴健康，绚丽多彩的时代风格。壁画中只用几根简练的线条，就勾画出了人物的思想感情，明快地描写出梦幻中的“极乐世界”，表现出庄严而生动的意境，当是榆林窟的精华洞窟和镇山之作，也是唐代壁画和敦煌壁画的代表之作。

看点二：五代、宋时期的佛像画。曹氏归义军政权统治瓜沙 120 年，历经 5 代，代代信佛尊教，先后修建和重修洞窟 23 个。

瓜州《水月观音图》局部

壁画题材主要有经变画、佛像画、佛传故事画、佛教史迹画和供养人画。其艺术特点也很鲜明，尤其是前期壁画，唐代风格浓郁，运笔虽然粗放，画面也显简洁，但人物形象丰满，色彩热烈奔放，线描变化有致。供养人的形象，大都高大魁梧，为研究当时的社会生活提供了丰富的资料。

看点三：中原画、藏传画和西夏画的融合。西夏、元时期，历经 300 年，也是一个香火不断的年代，虽然只兴建和重建洞窟 16 个，但艺术成就也很高，给榆林窟带来了最后的兴盛。不论是经变画、佛像画，还是装饰图案画，都体现了三种艺术风格，即清淡典雅的中原绘画风格、冷峻浓艳的藏传密宗风格和线条熟练的西夏艺术风格。《水月观音图》《千手千眼观音图》，都是这一时期的代表作。

瓜州《水月观音图》局部

看点四：最早的《唐僧取经图》。最早出现的《唐僧取经图》，就是西夏洞窟壁画的重要作品。据《瓜州县志》载，“壁画中只有唐僧、孙行者和白龙马，没有猪八戒和沙和尚。其中一幅唐僧双手合十站在悬崖前祝祷，崖下滔滔江水横在眼前，孙行者双手合十在后，仰面朝天，满脸野气，旁边为驮着宝物的白马。另一幅画，唐僧弯腰拜询，白马和孙行者分列两旁”。比吴承恩写《西游记》，早了 300 年。

看点五：瓜州县“象牙佛”。由象牙雕琢而成的“象牙佛”，虽只有人的手掌大小，但在内部雕刻了 54 个情节有别的佛传图，279 个形象各异的人物，讲述了佛陀一生的传奇故事。自唐代起，历代僧人都把“象牙佛”作为稀世珍宝，在榆林窟中秘密供奉了 1000 多年。1950 年，榆林窟住持郭元亨，把用生命保护下来的“象牙佛”，敬献给了当地人民政府。

| 古老的读本——瓜州锁阳城遗址 |

到达：距瓜州县城 70 公里。从酒泉坐客车到达瓜州县。自驾：酒泉—瓜州县—踏实乡（锁阳城镇）—八角亭—分岔路—往右去锁阳城和东千佛洞。其他交通：从瓜州包车前往，还可一路游览榆林窟、锁阳城和东千佛洞。前往景区的途中还会经过一些古城遗址，可以免费参观。

开放时间：旺季（5 月 1 日—10 月 31 日）8：30—18：00；淡季：（11 月 1 日—次年 4 月 30 日）9：00—17：00。

门票价格：75 元。

跨过波涛汹涌的榆林河峡谷，横穿水草丰满的桥子草场，锁阳城遗址就出现在眼前。锁阳城，原名苦峪城，始建于西晋元康五年（295 年）。1996 年 11 月 20 日，瓜州锁阳城遗址被国务院公布为第四批全国重点文物保护单位。

锁阳城看城堡。据有关资料记载，当时的晋昌郡治所就设在苦峪城。到了唐代，这里是瓜州治所晋昌城。从现存残垣看，全城分为东、西、北三部分。东西两城墙垣保存较好，南北宽约 487 米，东西通长约 565 米，总面积约 27 万平方米。东城较小，可能是子城，应为衙署驻地，也可说是富人区。西城较大，则为罗城，是老百姓居住的地方，也可说是穷人区，商业门店、餐饮饭馆、车马店铺都在这里。北城位于东西两城以北，东西长约 870 米，南北宽 150 米至 300 米，建筑年代早于东西两城。北城西北部存有两座方形土筑堡垒，高 14 米，每边长约 25 米。有堡无门，四壁严实，只有顶部开天窗。土堡为何物，有何作用，又是一个令人难解的谜。有人推测有可能是关押战俘和要犯的牢狱，只要把人投进去，插翅也难飞出，只能冻死饿死闷死在里面，化成一堆白骨。

锁阳城的标志性建筑——角墩

锁阳城看墓葬。城南

锁阳城内的残瓦

墓群地表可见墓葬224座，有砖室墓、砾岩洞室墓和土洞墓。其中1号墓为砖室墓（被盗），封土呈圆锥形，直径7.6米， 高3.2米，墓室平面呈方形，墓壁用绳纹砖砌成。覆斗顶藻井心为忍冬莲花纹方砖。斜坡墓道向东，券顶墓门。墓室四壁彩绘四神及莲花、卷草纹图案。出土有三彩人俑、骆驼俑、马俑及木马等。

锁阳城看农田遗迹。锁阳城四周则是大片大片的肥沃粮田，中国古代最完整的农业水利灌溉体系遗迹，就是在这里发现的。有古河床的拦水坝，直通各条灌溉主渠道，经过无数纵横交错的支渠、农渠、斗渠，浇灌着大片农田。这里气候温和，适宜种植小麦、胡麻、蔬菜。春天，“平畴交远风，良苗亦怀新”；夏天，“南风霏霏麦花落，豆田漠漠初垂角”。

锁阳城听传说。据说，薛仁贵征西，所向披靡，无坚不摧。可是到了锁阳城却中了哈密国元帅苏宝同的埋伏，被层层围困在了锁阳城中，这就是著名的“兵困锁阳城”的故事。精锐的唐军，数次突围，都没有成功，困在城中，经过旷日持久的对峙，早已弹尽粮绝。但苏宝同见唐军如此顽强，又心生一计：断水。便用红柳、砂石、毛毡，堵截了流经锁阳城一带的疏勒河，逼其改了道，远离了锁阳城。这让唐军守城将士更如雪上加霜，只能食树皮吃草根，度日如年。然而天无绝人之路，一天薛仁贵发现离军营不远处的沙漠中长出了一种鲜嫩的植物，吃起来涩中有甜。他问当地农民此乃何物，回答说此物叫锁阳，当药吃可壮阳，当粮吃可救命。薛仁贵如获至宝，就令士兵挖锁阳充饥，或生吃或熟食，这对极为饥饿的人们来说，无疑是美餐。就这样，全军将士靠锁阳为生，一直坚持了12年，直到程咬金带援兵前来解围，才得以脱险。

锁阳城看寺院。锁阳城郊的塔尔寺，是当年玄奘法师逗留数

瓜州塔尔寺遗址

日，物色马匹和向导的地方。如今庙宇无存，只有一个土垒的古塔犹在，不太高，但在一片荒野中仍显得十分巍峨。古塔在锁阳城遗址东门外约一箭之遥的地方。古代建塔，多是与城郭相望，塔尔寺和锁阳城的遗址之间，当年应当是郭，散居着城乡接合部的农民。玄奘就在这个寺庙里碰到了他西行的第一个同伴，后来成为他的徒弟的石盘陀，也得到了一匹后来帮助他找到水草的瘦老赤马。在瓜州城内，玄奘法师受到了刺史独孤达的礼遇，州吏李昌毁掉追索玄奘的文书，才使玄奘在一天晚上骑着马，带着石盘陀出锁阳城北门，往西北方向而去。法师深夜潜行，逃离了大唐西陲最后一座城市。榆林窟、东千佛洞有 6 幅玄奘取经图的壁画，也记载了这个故事。

长征的最后里程——瓜州红军西路军最后一战纪念塔馆

到达：瓜州县城西南。城内可以步行前往。

开放时间：全天。

门票价格：免费。

80 多年前西路军远征新疆的悲壮战斗历程结束了，先烈们的英雄业绩、崇高思想，却与日月同辉，与祁连共存。为了缅怀先烈，寄托哀思，继承遗志，瓜州县在县城西南修建了一座挺拔巍峨的西路军最后一战纪念塔。

李先念题词：为中国人民解放事业牺牲的烈士们永垂不朽！

徐向前题词：西路军在党中央的领导下，浴血奋战，坚强不

西路军血战过的白虎关遗址

屈，他们的历史功绩是永不磨灭的！

1936 年 10 月，为打通国际通道，西路军 20000 多名精兵，突破黄河大险，进入河西走廊，创建革命根据地。

西路军最后一战纪念馆。1988 年 10 月 18 日，瓜州县在渊泉公园南侧修建了西路军最后一战纪念塔。1999 年，修建了红西路军蘑菇台子会议旧址纪念馆。2010 年，重新整修了李卓然夫妇墓。2012 年，又筹建了红西路军安西战役纪念馆，开辟了重要的革命传统教育基地，成为各级组织、广大人民群众缅怀先烈业绩，传承红军革命精神的重要场所。每年清明节、“七一”

红西路军蘑菇台子会议旧址——蘑菇台全景

西路军最后一战纪念馆

等节日，各级组织都要在这里举行祭奠、纪念先烈仪式和革命传统教育活动。

| 高峡平湖——瓜州双塔水库和双塔湖景区 |

到达：西距瓜州县城 48 公里。从瓜州县城乘班车或出租车前往。

开放时间：全天。

Ⓢ 门票价格：免费。

瓜州县有条当年唐玄奘西天取经夜渡的葫芦河，流程虽不长，但却是疏勒河的重要支流。两河一汇流，水量就更为充沛。唐代诗人岑参在《题苜蓿峰寄家人》的诗中写道："苜蓿峰边逢立春，葫芦河上泪沾巾。闺中只是空相忆，不见沙场愁杀人。"唐玉门关也设置在这里，诗人王之涣《凉州词》曰："黄河远上白云间，一片孤城万仞山。羌笛何须怨杨柳，春风不度玉门关。"葫芦河流淌至今，唐诗也传诵至今，家喻户晓。

看点一：水淹玉门关，长河落日圆。始建于 1958 年的双塔水库就坐落在这里，成为瓜州的一大建设成就和一大著名景点。当年修建双塔水库时，唐玉门关遗址也淹没在了库底。瓜州双塔水库，成为全省最大的农业灌溉水库。进入 20 世纪以后，作为瓜州县的重点旅游开发区，同时又叫"双塔湖"。在这里，最能体验"大漠孤烟直，长河落日圆"的壮美景色。

看点二：聚库区风光，添江南景色。双塔水库主坝长 1040 米，高 26 米；副坝长 199 米，高 17.3 米。聚起了 2 亿立方米的水，水库以灌溉为主，兼顾防洪、养殖、旅游等综合效益。担负着瓜州西半县 5 个乡镇和甘肃农垦的两个农场 30 万亩耕地的灌溉、防洪、发电和林牧业用水的重任。水库和茫茫大漠连成一片，晴天时，波平浪静，鱼游鸟飞，与江南景色没有两样；起风时，波涛汹涌，浪高风急，也显得十分壮观。

看点三：四周原生态，和谐大自然。双塔湖区、水库前后、

唐僧夜渡葫芦河

葫芦河畔的原生态风光，没有人为的破坏，湿地在逐年恢复，林木草场逐渐扩大。到处是溪水纵横，沼泽遍布，烽燧遥望，胡杨苍劲，柳绿花红，芦苇摇曳的景象，有着“五里不同风，十里景色异”的特点。这里有古代唐玉门关遗址、苜蓿烽燧、汉长城遗址，有现代的水上乐园和民俗风情园，游人既可尽情地观赏大自然的美景，又可充分体验瓜州的民俗风情。

看点四：双塔博物馆，历史重展现。双塔湖北岸，正好有312国道通过，瓜州县政府在这里修建了双塔博物馆。博物馆以瓜州古郡、唐玉门关、瓜州石窟、根雕奇石、民风民俗为主要内容，设置了6个展厅，集中展示了疏勒河的变迁、古瓜州的历史与文化、双塔水库的建设与维护、双塔湖景区的形成和特色。可为游客提供民间艺术、大漠奇观、餐饮娱乐和旅游购物的一体化服务。

看点五：水上建乐园，激情大漂流。孔子所说的“智者乐水，仁者乐山”的情趣，在双塔湖景区可以得到充分的体验。从双塔湖景区入口处登船下水，高歌击桨，经过胡杨林，穿越芦苇荡，绕过候鸟区，十里水路，十里景观，一直漂流到苜蓿峰和汉长城脚下，激动人心的历程，使游人难以忘怀。

| 古老的警示——瓜州桥湾城与人皮鼓 |

到达：西距瓜州县城 85 公里。

开放时间：9：00—18：00。没有直达景区的公交车，可乘坐当地出租车或包车前往。自驾车可在连霍高速公路桥湾出口下车。

门票价格：25 元。

2003 年，瓜州县在桥湾古城遗址上建起全省第一个干部警示教育基地，把历史上留下来的宝贵资源充分利用起来，结合现代反腐倡廉的相关规定和资料，制作了一批图文并茂的宣传牌。自基地成立以来，吸引了本地和外省市区旅游参观者数万人次。

这座古城堡，名叫桥湾城。据《酒泉市志》记载："城址呈长方形，东西长 320 米，南北宽 122 米。黄土版筑的城体，至今保存完整，残高 58 米。城内道路遗迹与城外房舍遗迹犹存。"桥湾城西北，康熙年间建造的永宁寺，也荡然无存。人们还从流沙中挖出过清代的木乃伊，据考证死者生前是僧人，并通过寺院的遗址遗物，证明古代的桥湾城总是木鱼声声、香火袅袅。

看点一：桥湾城里有件被称为县宝的"怪物"——人皮鼓。一大一小的人皮鼓，虽然做工还不算太粗糙，但在头颅骨上蒙人皮，看一眼都令人毛骨悚然，更不用说那敲击的声响有多凄惨了。

人皮鼓

当年的制造者，绝不是当作一件工艺品、玩具或象征性用具来制作这面人皮鼓的，而是有其实用性的。那么，这面鼓到底是官府所用、佛教所用还是民间所用？史书无记载，也无从考证。然而，有一个流传很广的故事，杜撰了“康熙夜梦桥湾城”的种种情节。

看点二：康熙夜梦桥湾城的传说。相传，住在北京紫禁城里的清帝康熙，一天夜里，梦见了一座金碧辉煌的城池，比紫禁城规模更宏大，气象更雄伟，令康熙龙颜大悦。梦醒之后，命宫廷画师，以梦画图，并派人去普天下寻觅这一梦中盛景。朝臣们访遍大江南北、长城内外，也未找到这等梦中美景。后来，这些大臣们不知怎么找到大西北来了。只见大漠深处，疏勒河蜿蜒而来，河岸上有片景色秀丽的绿洲，河旁几行参天的白杨树上挂着草帽，还不正是皇冠的象征吗？再看疏勒河上的那座飘飘摇摇的木桥，不正是皇宫前的金水桥吗？

这一发现非同小可，大臣们立即奏明圣上。康熙听了更是龙颜大悦，上苍托梦，果有其景；龙游圣地，确有其事。当即下诏，拨付巨款，派出大臣程金山父子，带着设计图纸，前往桥湾，督建一座新的皇城，以备皇帝巡幸时下榻。传说中的这个程金山，却贪婪成性，把康熙计划要修九里九的城池，偷工减料，私自改为三里三。一位赴西域办差的清朝大臣，路过桥湾，察觉了此事，如实报告了皇帝。康熙一听，雷霆大发，派人查办此事。用程金山父子的头颅做鼓架，再蒙上他俩的皮，一对一大一小的人皮鼓就做成了，被挂在了桥湾城头。晴天，太阳一晒，人皮鼓被绷得卜卜乱响；风天，沙子打来，人皮鼓被敲得卜卜乱响；雨天，雨点洒来，人皮鼓又被打得卜卜乱响。

看点三：一座清代军粮城遗址。传说总归是传说，其实桥湾城的建设要比传说的时间迟几十年，康熙年间根本就无人问津桥湾，一直到雍正十年（1732 年），为了给清朝军队进军新疆平定准噶尔储存军粮而修建了这座城池。这里每年储存军粮 3 万石，额定供给人数万余名。为确保军粮安全，又派马步兵、千总驻防，称为桥湾营。桥湾城所储军粮，绝大部分由关内运来，少部分由关外诸卫所征调。清同治年间，桥湾城毁于战争，贸易中断，居民逃散，城池被焚。后经流沙侵蚀，一座存在 140 多年的古城堡就这样湮没了。桥湾城博物馆，陈列着木乃伊和沙漠野生动植物标本。

十六、催马驰驼奔肃北

【名家游记】

党河源在希喇尔津之东南雪山内，分注三沟，汇成一处。至八汗撒喇汗津沟之下，即入沙石，中隔戈壁约长 30 余里，至芨芨台之东，从平地沙碛渗出，极其细微。应以芨芨台为党河至近源，由西下流至额尔得尼布喇大泉，汇合独山子一带泉水及南北两岸海子、擦汗洮河、清水沟、拉排沟，愈流愈大，俱入党河。

——常钧《党河源流考》

肃北，源于 1938 年在肃州之北的马鬃山地区成立的肃北设治局而得名，中华人民共和国成立后沿用至今。肃北蒙古族自治县首府驻地党城湾镇，建于 1953 年 11 月，地处党河流域中上游山前冲积、坡积倾斜平原地带，县城范围内年平均温度 6.3℃，

肃北县城全景图

绝对最高温度 34.7℃，绝对最低温度 –25.1℃，无霜期 129 天，年均降水量 154 毫米。

据史料记载，在古代的肃北境内，历代均发现有驻牧的西戎羌人，月氏、乌孙、匈奴等民族。两汉时属敦煌郡辖地，西晋在今党城湾设昌蒲县治，后又设郡治。在明嘉靖七年（1528 年）至清雍正三年（1725 年），被撂为荒芜之野长达 197 年。清雍正四年（1726 年）以后，有敦煌汉民、青海蒙古族人来此游牧和从事种植。1956 年更名为“肃北蒙古族人自治县”至今。南部面积 35118 平方公里，北部面积 31630 平方公里。设党城湾、马鬃山 2 个镇，盐池湾、石包城 2 个乡，26 个行政村。总人口 1.17 万人，其中蒙古族 4446 人。

旅游资源有五个庙石窟、一个庙石窟、石包城遗址、党城遗址、党城湾东滩北墩子、大黑沟岩刻画、野牛沟岩刻画、灰湾子岩刻画、七个驴岩刻画、红柳沟岩画、阿尔格力太岩画、石墩子岩画、马鬃山口岸、黑喇嘛城、明水古堡、透明梦柯冰川、塔克勒冰川、敦德冰川、河峡峡谷、恐龙化石、盐池湾野生动物自然保护区、哈什哈尔国际狩猎场等。

| 史前艺术——肃北岩画 |

到达：位于肃北野马山北麓，距县城 40 公里。从肃北县城乘出租车前往。

开放时间：全天。

门票价格：免费。

岩画，是古代先民凿刻在岩体石壁上的历史文化，形象地记录了他们的思想情感和生活场景，被称为“古代文献宝库”。肃北蒙古族自治县野马山北麓和马鬃山一带就分布有大量珍贵的岩画遗存，是研究先秦时期乌孙和月氏等民族部落历史的形象资料。

陡峭坚硬的山体岩石。肃北野马山北麓，山体高耸、褶皱重叠，具有河流、峡谷、盆地相间的复杂地形。虽然远离海洋，东部季风吹到这里已是强弩之末，但峡谷盆地间，又有草原和湿地的存在，这里自古就是游牧民族部落放牧、狩猎的栖居之地。他们把自己创作的图画，用坚硬的物体凿刻在深山的岩石之上，使之得到长久保存。仅别盖乡好不拉村大黑沟山、盐池湾乡小阿尔格勒太的野牛沟山、石包城乡灰湾子山和七个驴沟 4 处山体上，就有 55 组 300 多幅岩画。其他地方，如马鬃山区黑山梁、别盖乡红柳峡、鱼儿红乡碱泉子等地也有多处不同风格的岩画。

栩栩如生的动物形象。作为游牧民族生产和生活资源的动物，不但是牧民捕捉和放牧的对象，也是他们创作的灵感来源和表现主体。大黑沟岩画中就有梅花鹿、大角羊、野牛、大象、老虎、野骆驼、牦牛等，它们或群体或单个，或温顺或凶悍，或奔跑或站立，或长啸或低鸣，都形态各异，栩栩如生。

丰富多彩的游牧生活。凡有岩画的地方，都可能是古代游牧民族的草场、猎场和居住地。他们生活在这里，把自己的文化遗存也保留在了这里。他们的岩画内容，有紧张的射猎、逐水草的放牧、增强武艺的操练、扬鞭骑马的奔跑、力量对抗的格斗，这些都是他们的生活场景。根据他们当时的穿戴，可见岩画中的人物，也是戴阔边尖顶帽，穿束腰长袍的牧人形象。

独具特色的艺术手段。肃北岩画，不论是凹刻或凸刻，都是用坚硬的锐器，凿刻在花岗岩和石灰岩上，划痕有深有浅，有粗有细，以勾勒出动物形象为止，画面简洁有力。也有不具线条的阴刻画，先有图形轮廓，再通体细琢，有着很强的具象性。有些岩画,虽突出表现部分细节,但也体现整体效果。如灰湾子的《群羊竞奔图》，画面只表现一群山羊和大角羊拼命奔跑，却没画猎人的追射，不免让人联想背后的故事。画面大都高于地面，岩体不但陡峭而且避风，既避免了动物攀爬对山体和岩画的破坏，也避免了风吹雨淋对画面的损毁。

| 太古积雪——肃北透明梦柯冰川 |

到达：距肃北县城60公里。自驾：酒泉—连霍高速—S314—S302—肃北蒙古族自治县—景区。

开放时间：9：00—17：30。

门票价格：260元。

清代《重修肃州新志》载："南山千峰积雪，冬雪不消，哺

透明梦柯冰川

育河西数千年。倚天则玉笋嶙峋，映日则琼光璀璨，万里一色，照耀华夷。举首遥看，恍入春辉之府。”这是对祁连山冰川的描写。《酒泉市志》载，酒泉市境内冰川“主要分布在祁连山中西段及阿尔金山东段海拔 4200 米以上的高山地区，以疏勒南山、大雪山的冰川分布规模最大、最为集中，托赖山、托赖南山、党河南山、土尔根达板山、察汗鄂博图岭的冰川分布比较零散”。透明梦柯冰川“位于肃北县境内大雪山北坡老虎沟内。冰川长 10.1 公里，面积 21.9 平方公里，冰川最高峰 5483 米，属于典型的大陆型冰川”，为“中国最美六大冰川”之一。

透明梦柯冰川的形成：和祁连山一带的冰川一样，透明梦柯冰川形成于寒武纪和古生代。青藏高原整体上升中，随着祁连山脉西部疏勒南山、讨赖南山、野马山的形成，阻截了高空中印度洋气流和云团，雪山和冰川逐步发育成熟。透明梦柯冰川属于极大陆型的双支山冰川，粒雪积累区宽阔，海拔在 4260 米到 5483 米之间，适合大气固态降水的积累和终年积雪的形成。

透明梦柯冰川的特点：冰川规模较大，老虎沟内共有 44 条冰川，54 平方公里，其中透明梦柯冰川的面积占 40%。冰川类型齐全，冰谷、冰蘑菇、冰斗、冰瀑布、冰裂缝等冰川特征，在这里都发育成熟。冰川物理特征稳定，根据中国科学院兰州冻土研究所 1957—1990 年的监测，该冰川的面积在 33 年只减少了 0.09%。冰川承受力较强，冰面坡降 3° ~6.6°，粒雪区最大坡度 26°，没有雪崩危害。同时，也是全国冰川旅游中距铁路和机场、国道最近且容易进入和攀登的较大山谷型冰川。

透明梦柯冰川的作用：冰川不但是丰富的水资源，而且同时也可成为诱人的旅游场所。冰川因其可塑性，自然地或人为地构成了一些引人入胜的奇景，是一个富有魅力的旅游区。同时还生存着一些珍贵的植物和动物，如雪莲、雪豹、雪鸡等。这些生物有的不易采集、有的不易猎获、有的被列为国家一级保护动物。

随着经济的发展、生产力的提高、交通的现代化，尤其是山区交通的畅通，开发利用冰川资源的工作，必将有更大的进展。

透明梦柯冰川的保护：冰川是美丽而壮观的，同时也是脆弱的，经受着气候变化和人类行为的严峻考验。如果不加以保护，梦柯冰川也会缩小、后退、消融，大有淡出人们视野的可能。保护透明梦柯冰川，保护我们的江河源头，是摆在人们面前的大课题，必须引起高度重视。

| 神秘的边境——肃北马鬃山景区 |

到达：距桥湾 152 公里。从玉门市区或瓜州县城乘出租车或班车，经桥湾向北前往马鬃山镇即可到达。

开放时间：全天。

门票价格：免费。

马鬃山区多为戈壁、丘陵、沙漠、山地，地形开阔，便于人、马、车辆通行。低矮的山峰广布，山体破碎，山势较缓。因沧桑的山体褶皱重叠，峡谷幽深，形如奔马鬃毛，飞扬飘动，故而得名“马鬃山”。这里，战国时为月氏所有，秦时匈奴逐月氏，归属匈奴所有；西汉分别属西域都护府与渊泉县管辖；唐属瓜州，宋归西夏，清属安西。1938 年改为“肃北设治局”，现隶属肃北蒙古族自治县。

黑戈壁。甘肃、内蒙古、新疆交界一带，横亘着一片荒凉的大漠，人称黑戈壁。黑戈壁曾经是中国西部最大的无人居住区，地处黑河以西，中蒙边界以北，河西走廊西段之南，天山东段以

东，总面积约 20 万平方公里，比许多省份的地域还要大。因为砾石覆盖，色黑如漆，因此被称为“黑戈壁”。它尽管荒凉寂寞，但却是丝绸之路的必经之地。明清时期，从新疆乌鲁木齐一带，走包头、上绥远的骆驼商队，在这里设有无数“前无村，后无店”的重要驿站。

黑喇嘛城。就是马鬃山镇西南 1 公里处的碉堡山。这片方圆近 3 平方公里的丘陵地面上，错落有致地分布着大大小小、高高低低、层层叠叠的工事遗址。这座巨大遗址具有高度的防御性。山顶上到处都是瞭望台，依山而建的甬道，凿山而开的隧道，四通八达、错综复杂、机关密布，如同纵横交错的一张大网。据说当年，如果外族异邦的人一旦误入，任凭东摸西撞，无论如何也是无法走出去的，只能束手就擒。

黑喇嘛的传说。在马鬃山一带的牧民中间，至今还流传着黑

黑戈壁一角

喇嘛的种种传说。1919 年，有个被人称为“黑喇嘛”或“假喇嘛”的强盗，带领着 2000 多人马，扛着精良的武器，穿越黑戈壁，强行进入马鬃山，以黑喇嘛城为据点和军事要塞，专门干起了打劫往来商队和政府官员的勾当。据说，最后黑喇嘛被人暗杀，这支人马也被歼灭。

酒泉恐龙。中生代的马鬃山区，也是各类古脊椎动物生存的乐园。近年来，曾发掘出土过蜥蜴、恐龙的祖先鹦鹉嘴龙和古角龙等动物的化石。特别是在一个叫布咚呼噜斯太古湖的地方，发现了食草类禽龙骨骼化石，长约 13 米，为考古界发现的最大的一具禽龙化石。

黑戈壁陈列馆。在马鬃山镇，设立了一座黑戈壁陈列馆，展出了马鬃山一带的山川地貌、生物化石、恐龙化石、文物遗址、古代城堡、口岸设施、历史事件的实物和资料，尽可能多角度地

马鬃山黑喇嘛城

为探索黑戈壁地质的变迁、生物的演变、人类的活动、文化的积淀提供依据。

| 绝壁古堡——肃北石包城遗址 |

到达：距肃北县城103公里。从肃北县城乘班车或出租车，到石包城乡再前往。

开放时间：全天。

门票价格：免费。

榆林河边，距肃北石包城乡政府不远处的石岗上，有一座古老的城堡遗址，因通体用片石修建，因此就叫作石包城。说来也有趣，这座古城建在祁连山北麓。而祁连山南麓的青海境内，也

石包城

有一座石包城。为了以示区别，人们把青海那座古城叫作石堡城。

关于石包城的修建年代，当地民间曾有不少传说和猜测。有的说该城为唐代薛仁贵征西时所筑，有的说为樊梨花当年所建，还有人猜测可能是 8 世纪中叶某位突厥可汗所修。然而经文物工作者的考证，石包城始筑于东汉，是当时汉羌作战的一处军事堡垒。《肃州新志》记载："石包城路通青海，高峻险恶，比于铁峡金墉，登临极望，洵足雄视边徼。"

看遗址，石城高垒。石包城的修建，遵循了一条最基本的原则：因地制宜，就地取材。在地球的大规模造山运动中，留下了大量的石头。这一片片、一块块不起眼的石头，正是古地壳的"本来面目"。石包城一带，虽缺少树木，但却"盛产"石头。于是，人们便采石铺路，垒石筑城。《敦煌学大辞典》载："此城筑于一小山丘上，山高 50 米，海拔 2247.1 米。城垣长方形，东西长 144.5 米。后世（约为唐代）加筑有马面。南面开门。城外有护城壕，离城墙 20 米，壕宽 20 米，深 15 米。城北山顶上开出一平场，略呈方形，边长 60 米，边缘用片麻岩垒砌。可能为校场。”

看环境，烽燧连天。作为军事城堡，石包城也并非孤城一座，而是用一座座烽遂连接起了四周远近的城堡，形成了一个完整的军事体系。李并成所著《大漠中的历史丰碑》载：“榆林河谷烽线，南起于石包城西南 35 公里处的石板墩烽，沿榆林河谷北经石包城、北山烽、水峡口烽、路口湾烽、榆林窟、蘑菇台、下洞子烽、新沟古城（汉）等，至汉广至县城（踏实破城子）。再由此向北接截山子南麓八楞墩烽。折而向西沿截山子、三危山麓抵达敦煌。”

看历史，金戈铁马。唐代，吐谷浑王兵逼锁阳城。张议潮率

石包城墙垣

归义军正面迎战，把吐谷浑的军队赶出了瓜沙地区。当年也传说薛丁山“三休樊梨花”“三请樊梨花”的故事，就发生在石包城和锁阳城一带。1937 年红西路军路过石包城，就得到过当地农牧民的帮助。清代诗人马尔泰曾有诗：“翠壁崚嶒接玉霄，岩城竖起自何朝？五丁运力开神域，四郡连烽警夜刀。衰草当年遗战垒，秋风此日静天骄。周行已遂登临志，不惮经年万里遥。”

| 浊浪峭壁——党河大峡谷景区 |

到达：在肃北县境内。从敦煌市区或肃北县城，乘旅游车或出租车前往大峡谷各景点。

开放时间：全天。

门票价格：免费。

党河，是祁连山西端的一条北流之河。历史上名称多变，汉代称“氐置水”又作“支至水”。《汉书·地理志》载：“龙勒县南有氐置水，出南羌中，东北入泽（今哈拉淖尔），灌溉农田。”唐代叫“都乡河”（又叫甘泉水）。五代史说:“沙州,西渡都乡河，至阳关”。元代始有党河之名，是以驻领沙州的蒙古官员的名字命名的。

党河源。据《酒泉市志》载：“党河，发源于祁连山疏勒南山的崩坤达坂、宰力木克和党河南山东部的巴音泽日肯乌勒、诺干诺尔的南北两坡冰川群。水源主要由北坡冰川补给。”这里地势较高，海拔在 3300 米至 5566 米之间。主要有夏尔格金草原、

党河

十二道金沟、哈什哈尔国际狩猎场。白唇鹿、野牦牛、野驴、藏原羚、黑颈鹤、斑头雁、大天鹅、赤麻鸭，都是这里珍贵的野生保护动物。

平草湖。党河南山和野马南山之间，峡谷开朗，群山远去，为河水留出了一片开阔地带，形成了沼泽湿地。丰美的水草，变换着四季景象，又是一片难得的牧场，牛羊成群，骏马奔驰。也有在远处栖息觅食的野驼、羚羊等野生动物长途跋涉，定时定点地前来饮水。喝饱饮足了，又返回它们各自的世袭领地。

大峡谷。全程只有 390 公里路程的党河，在肃北县境内就有 280 公里，只给敦煌留下了 110 公里的行程。肃北县的景色，主要聚集在全程风情万般的大峡谷中。上游河水一直在深山中绕行，既聚集着强劲的能量，又耗散了多余的水量。一出山，就到了党河城堡外的大戈壁。巨大的落差，又加速了流量，遇石冲石，逢滩劈崖，把原本完整一体的戈壁滩，冲刷出了一条又一条大峡谷。党河大峡谷，不仅仅是个水文大峡谷，更重要的是生态大峡谷。有乔灌草上百种，野生动物数十种。既调节了大漠气候，也增添了生物种群。

芦草沟。是峡谷中最大的一片荒原，既有原生物种，也有新开的田地，最多时曾居住着数十家农牧民，他们种小麦、玉米、蔬菜、瓜类、林果等作物，既保护了生态环境，又增加了经济收入。由于环境的封闭，这里被称为“世外桃源”。近年来，不断有游人来这里观光游览，体验不一样的田园生活。

五个庙石窟。作为敦煌石窟群之一的肃北县五个庙石窟，也

草原那达慕赛驼

秉承着莫高窟的艺术体系。石窟现存有22个洞窟，保存有部分北魏、五代、西夏、宋元时代的壁画，多为弥勒变、维摩变、药师变、四臂观音、水月观音，以及黄道十二宫、二十八宿等。虽然损坏和残毁严重，但也体现出较高的艺术价值。

三园一谷建设。肃北县正在规划和建设蒙古民族风情、大漠野生动物、党河水上娱乐三大园区，打造一个生态休闲峡谷。为游人提供民族歌舞、峡谷探险、极限穿越和水上娱乐等服务项目。

十七、远山近水阿克塞

【名家游记】

阿克塞草原，不同于甘南、青海的草原，更不同于蒙古草原，谈不上“风吹草低见牛羊”。草短而稀疏，大野空阔，骑马走一整天，还像在老地方。待望见一个帐篷了，就有猛犬四五只，小牛般大，远远奔跑过来，绕着马蹄狂吠。主人热情，献奶茶毕，立即架上大铜锅，拉来一只肥羊，当面宰了剥了，卸成几大块下锅。待肉半熟，即银壶洗手，随意割食。据说这是他们最隆重的待客之道。其间天已全黑，放牧的人都回来了，悉皆彪形大汉、健壮妇人。男人席地围炉，同我们一起吃喝。

放牧天涯

女人们添酒倒茶，在背后来去。酒盛在一个大碗里，轮流喝。

——高尔泰《草色连云》

阿克塞哈萨克族自治县，是以县城西 28 公里的阿克塞沟而得名的。“阿克塞”系哈萨克语“白沟”之意。该县位于酒泉市西南部，西邻新疆，南接青海，北靠敦煌，东北与肃北蒙古族自治县接壤。全县总面积 33374 平方公里，县内海拔最低 1500 米，最高 5798 米，平均海拔 3600 米左右。区域气候属于高寒山区向干旱荒漠草原过渡类型，冬季漫长严寒，夏季温暖短暂，四季温差大。

阿克塞古代属敦煌郡领地，从 1929 年开始，原居住在新疆阿勒泰、哈密和巴里坤一带的哈萨克族牧民，向现今甘肃、青海、新疆边境一带迁移。1954 年 4 月 20 日正式成立了阿克塞哈萨克族自治县人民政府。1989 年县城由博罗转井镇整体搬迁至红柳湾镇，总人口 10600 人，其中哈萨克族 3165 人。辖红柳湾镇 1 镇，阿克旗、阿勒腾 2 乡，14 个行政村。为国家园林县城。

旅游资源有以新县城为主的哈萨克族风格建筑、哈萨克族民族风情园、金山湖、姑娘追城雕、老县城影视拍摄基地、大苏干湖、小苏干湖、哈尔腾河流、安南坝野双峰驼自然保护区、苏干湖候鸟自然保护区、安南坝阿尔金山自然保护区、哈尔腾综合野生动物合理利用保护区、哈尔腾国际狩猎场、多坝沟胡杨林等。

| 高原影视基地——阿克塞老县城遗址 |

到达：距阿克塞新县城 30 公里。从阿克塞新县城乘旅游车或出租车前往。

开放时间：全天。

门票价格：免费。

阿克塞当金山口，居于特殊的位置——西来的阿尔金山脉、东来的祁连山脉、南来的青藏高原、北来的瓜沙地带，在这里交接。美丽的当金山下，牧场辽阔，水草丰美。

1954 年阿克塞哈萨克族自治县成立，以地处阿尔金山脚下的博罗转井镇为县城。

博罗转井镇，海拔高，气温低，空气稀薄，气候严寒，环境较差。春天总是姗姗来迟，5 月份别的地方已是山花烂漫了，但阿克塞仍不见一点新绿，街头的几棵树病恹恹的，似乎忘记了已是阳春季节了。夏天匆匆地露了一面，秋天就接踵而至了。天冷了，狂风从深山刮过来，一夜之间，阿克塞仿佛老了许多，衰草连天，斜照黯然，飞沙走石，一片狼藉。

有人给当时的阿克塞县城编了这样几句顺口溜："阿克塞，三大怪，房子斜斜盖，吃水从外拉，裙子穿在棉裤外。"形象地概括了过去阿克塞的情形。房子斜斜盖，是因为当时的老县城是建在一个山坡上，房子自然看起来是斜斜盖了。由于地势不平，给人们的生活带来了诸多不便。出门就爬坡，抬头就见山。偌大一个县城，竟无一辆自行车，因为坡大无法骑。吃水从外拉，是指城镇居民生活用水要用汽车和拖拉机，到三四十公里外的长草

博罗转井遗址

沟去拉运，极不方便。遇上路断车坏时，全城人都要断顿停炊。县城也有一股河水流过，据说含有大量放射性元素，不能饮用。裙子穿在棉裤外，是因为按照哈萨克族的习惯，未出嫁的姑娘可穿长裤，出嫁以后都要穿裙子。在老县城的时候，由于天气寒冷，哈萨克族中老年妇女在冬日里都穿着厚厚的棉裤，外罩裙子。同时，博罗转井镇又处在地层断裂带。这里虽说不上是不适宜人类居住的地方，但至少可以说是不适宜建立县城的地方。

1995 年，经国务院批准，阿克塞县城整体搬迁，新县城建在海拔直降 1000 米的柳湾镇，被阿克塞人称作“圆梦工程”。博罗转井镇被废弃，成了满目荒凉的一片废墟，到处是残垣断壁。如今这座废弃的县城遗址，稍加整理，竟成了一个理想的影视拍摄基地。电视剧《西风烈》、电影《九层妖塔》都是在这里拍摄的。汽车残骸、阴森鬼屋、影院外景、监狱大门、墙头涂鸦、板书残迹等影视场景，也给游人带来怪异、荒诞、鬼城的视觉感受。

| 当金山下建新城——阿克塞新县城 |

到达：距敦煌市 78 公里。县城内各景点可步行前往。

开放时间：全天。

门票价格：免费。

阿克塞新县城的建设，使城市品位不断提升，人居环境持续改善，成了一颗耀眼的“草原明珠”。

看点一：“圆梦工程”。俗话说“做梦容易圆梦难”。“圆梦工程”

一启动，全县干部群众就发扬“千方百计抓落实”的精神，上北京、赴兰州、跑酒泉、抓项目、争资金。随着各路资金的到位，几千建设大军就在茫茫戈壁滩上安营扎寨。县委、县政府领导带头吃住在工地。一件皮袄一顶帐篷，一壶开水一袋干粮，就是圆梦者的全部家当。饿了，三块石头支一口锅，开水泡馍一顿饭。困了，皮袄一裹既是被子又是床。夏天，骄阳似火；冬季，滴水成冰，但“圆梦工程”从未停过，一干就是三年。人心齐，泰山移，一座具有现代气息和浓郁民族特色的新县城，矗立在了戈壁滩上。

看点二：“引党济红”。新县城坐落的红柳湾镇，虽比博罗转井镇海拔降低了1000多米，但同样缺乏水源，是影响县城建设和人们生产生活的瓶颈。为此，经省计委批准，“引党济红”工程于1998年正式立项。总投资2676万元，在肃北和阿克塞之间的茫茫戈壁上，铺设55.5公里的管道，建设了一条地下暗河，年引水378万立方米。2001年9月，阿克塞举行了“引党济红”工程通水庆典。近10年来，在有效解决新县城人畜用水的同时，县上还开辟前山草场，进一步绿化了戈壁荒漠，改善了生态环境。如今走进新县城，就能明显感到一种大漠深处难得的舒适和清爽。

看点之三：“县城新貌”。1998年9月，阿克塞县城整体搬入红柳湾镇。白天鹅造型的县政府综合办公大楼，美丽的金山湖景区，寓意春苗初露的幼儿园建筑，静雅的文化“三馆”造型，别致的音乐喷泉、休闲广场和民族风情园，富有特色的城市标志性雕塑“姑娘追”，别墅错落有致的牧民新村，功能齐全的商业一条街，购销两旺的集贸市场，“四横五纵”、绿化一新的十条主次干道，体现了浓郁的民族风情和现代化气息。今日的阿克塞，县城一天天在扩展，道路一天天在延伸，楼群一天天在长高，人们的生活发生了巨大的变化。据阿克塞县住房和城乡建设局提供的资料显示，截至2019年底，全县集中供热率、城镇供水覆盖率、污水处理率、生活垃圾无害化处理率、燃气普及率均保持在100%，城镇化率保持在96.3%以上，人均道路面积达到28.9平方米，人均公共绿地面积达到44平方米，绿化覆盖率达到53.12%，绿地率达到29.4%。

看点四：“姑娘追”。阿克塞新县城，有一尊富有特色的城市标志性雕塑“姑娘追”，具有浪漫而激情的民族色彩。雕塑取材于哈萨克族一个美丽动人的故事。据说，很早以前有一对恋人，为了表达对爱的追求，分别骑着骏马，奔驰在一望无际的草原上。后来演变成了一项哈萨克族特有的传统体育项目，本意是“追姑娘”，年轻男子要是看上了美丽的姑娘，就要骑最快的马奋力去追赶。在城雕中，男子勇敢、女子英武，形象逼真，动感强烈。

看点五：“金山湖”。作为“引哈济红”工程的一部分，“金山湖”是一个美丽的人工景区，占地面积40万平方米，其中蓄水面积14.2万平方米，库容40万立方米，像一颗蓝色的宝石，镶嵌在新县城的西边。金山湖既是储蓄和调节县城用水的设施，又是人们休闲和游览的水上乐园，被称作当金山下的“天然氧吧”。

哈萨克族《叼羊》

哈萨克族《姑娘追》

| 甘肃鸟岛——阿克塞大小苏干湖景区 |

到达：距阿克塞新县城80公里。从阿克塞新县城乘旅游车或出租车前往。

开放时间：全天。

门票价格：免费。

在阿克塞，东北有祁连山，西北有阿尔金山，东南有党河南山，西南有赛什腾山，四座山一聚拢，就形成了一个山峦起伏的高原断陷盆地，盆地中间一前一后镶嵌着一大一小两个湖泊。在这里，好有一比：四座山脉就是大自然伸出的四只巨手，精心地捧着嵌有两颗蓝宝石般的玉盆。这个玉盆就是苏干湖盆地，这两个湖泊，大的叫大苏干湖，小的叫小苏干湖。

看点一：明河暗流。来自党河南山、野牛脊山、略克吐蒙克和土尔根达坂山及察汗鄂博图岭的融雪汇集，形成大哈尔腾河和小哈尔腾河，在中下游，河水渗入戈壁沙漠形成潜流。就这样悄无声息，一程明河、一程暗流地流进了苏干湖盆地。这里海拔2820米左右，地下水充足，植被生长繁茂。植被属草甸型，建群植物为耐盐、耐湿和耐旱的多年生草本，有芦苇、冰草、芨芨、羊胡子草、佛子茅等，伴生有金戴戴、蒲公英、小黄菊、黄鼠草等。还有零星分布的柽柳等灌木。

看点二：咸淡两湖。流入盆地的水，再也无法流出，便形成了大、小苏干湖，当地人俗称“海子”，在地质学上属平原区第四系自流水。由于河水先注入小苏干湖，再由小苏干湖经过一片

大苏干湖

盐碱沼泽地，注入大苏干湖，因而小苏干湖为淡水湖，大苏干湖为咸水湖。大苏干湖水域面积为 35 平方千米，小苏干湖水域面积为 8.5 平方千米。夏秋两季，碧波荡漾，水草丰美，牛羊成群，毡房连片，炊烟袅袅。冬春两季，冰封湖面，雪压碧草，又是另一番景致。

看点三：飞鸟奔兽。1982 年，大、小苏干湖被批准为省级候鸟自然保护区。《阿克塞县志》载："大苏干湖候鸟自然保护区，有鸟类资源 51 种，其中列入《中国濒危动物红皮书》的鸟类有 10 种，占湿地鸟类总数的 16%，数量约 4 万只；小苏干湖候鸟自然保护区，鸟类数量约 1 万只。两湖列入《国家重点野生保护动物目录》的鸟类有 11 种，其中列入一级保护的有 2 种，二级保护的有 9 种。"苏干湖鸟岛的形成，主要是因为这里虽然海拔较高，但却气候适宜，水质清澈，没有建筑，没有污染，是一处

小苏干湖

圣洁的地方，为鸟类提供了栖居繁衍的优越条件。

看点四：吉祥之鸟。在众鸟之中，阿克塞人自古就喜爱白天鹅，被视为民族的吉祥之物，是洁白无瑕的象征。人们都说，阿克塞是天鹅的故乡，这里的山是天鹅山，湖是天鹅湖，城是天鹅城。巍峨连绵的祁连山、黛色苍茫的阿尔金山，在这里交汇分界，犹如两只白天鹅，在这里腾飞。因此，这一带被称作“阿克塞”，意为白色的天鹅。阿克塞人修建新县城，县政府大楼就以天鹅为造型，象征腾飞。冬去春来，成群的天鹅栖息于海子，更增添了海子的情趣。苏干湖白天鹅属国家二级保护动物。

阿克塞牧民新生活

第四单元

酒泉之旅：远山近水皆清音

古朴典雅的东汉几何纹博局铜镜

1970年酒泉市肃州区西关，出土了一件直径9厘米的东汉几何纹博局铜镜。铜镜圆钮圆座，钮座外延依次为规矩纹、短线纹、锯齿纹，窄缘。纹饰清晰，品相完好，特征明显。象征着圆满的天地，也象征着人生的圆满，万事万物的圆满。博局是古代六博的棋格，为当时宴乐时的一种文娱活动。博局镜主要流行于西汉末至东汉时期。此件现由肃州区博物馆珍藏。

肃州直隶州，安肃道治所。总兵驻。明，肃州卫。顺治初，因明制。雍正二年，省卫并入甘州府。七年，置直隶州，割甘州之高台县来属。东南距省治一千四百六十里。广一百九十里，袤一百五十里。北极高三十九度十六分。京师偏西十七度十二分。领县一。东南：观音山。南：祁连山。东跨高台，与青海分界。西：嘉峪山。其西麓设关，俄罗斯通商孔道，税务司驻焉。洮（讨）赖河出州西南祁连山北麓，古呼蚕水，北流东迤，支渠旁出，左播为四，右播为三。又东为北大河，至临水堡，临水河出祁连山最高处，东北流注之，折而北，径金塔寺，西南边墙为北大河，至古城右会红水，左合清水河，曰白河，东北入高台。

——《清史稿 · 地理志》

十八、文化之旅：五千年的人文积淀

文化是一种精神财富，文化是一种历史积淀，文化是一种催人奋进的力量。

一个国家有一个国家的文化，一个民族有一个民族的文化，一个地方也有一个地方的文化。作为金戈铁马的古战场、敦煌艺

古有四坝文化，今有绿洲农业

术的发祥地、丝绸之路的交通要冲、万里长城的西部起点的酒泉，各种民族、各种地域、各种思潮的大冲撞、大融合、大升华、大发展，也必然形成了一种具有永恒魅力的“酒泉文化”。

四坝文化。酒泉境内现已挖掘的四坝文化遗存，东有肃州区清水镇的“西河滩原始人大型聚落遗址”，西有“玉门火烧沟新石器时代后期的人类文化遗址”，属于和仰韶文化、龙山文化同等重要的河西“四坝文化”。4000多年前的原始部落就生活在这里，是他们的一处由狩猎、放牧向农耕发展的田园乐土，出土的大量珍贵文物，对研究河西走廊史前文化具有十分重要的历史价值和艺术价值。

书法文化。中国古代著名的书法家张芝，被世人尊为“草圣”。作为张芝故里所在的瓜州县政府，在他出生、生活、习字、成长

张芝塑像

的渊泉镇，修建了一座张芝纪念馆，竖立了“张芝雕像”，依据“家有衣帛，必书而后练，临池染翰，水为之墨”的历史记载，仿建了巨大的“张芝研墨池”，设立了“馆藏书法作品展览”，组织和吸引书法爱好者，研读和临摹张芝的传世典范之作《淳化阁帖》《笔心论》等，从而获得独特的文化体验和感悟。

汉简文化。可以说，酒泉是一个汉简出土大市。敦煌玉门关、悬泉置遗址、金塔肩水金关一带，出土的汉简就达5万多枚，在数量上占了全省出土汉简的80%以上，堪称“地下博物馆”。省市各级组织力量，多次召开各种形式的学术研讨论证会，更多的研究机构和研究人员投入了汉简的整理、辨认和研究工作。甘肃省设立了汉简研究所，相关研究成果得到了更广泛的交流，各种论文和专著不断发表、出版。

西凉文化。公元400年，处于群雄争霸局面中的李暠，在亲信的扶持下，坐了一回西凉王的宝座。由他控制的疆域也不算小，东起酒泉、敦煌，直达新疆天山一带。他先在敦煌设都城，后又迁移酒泉。虽偏于一隅，历史也短暂，但西凉在发展军事的同时，也大力发展经济、教育、文化，形成了以敦煌、酒泉为中心的“西凉文化”，兴盛一时。近年来，有许多学者潜心研究西凉文化现象，发表、出版了一批有见地的学术论文和专著。

石窟文化。酒泉和敦煌，作为东连中原、西通西域的“咽喉之地”，最早接受了来自西方的佛教文化，出现了一大批佛教石窟。可以说，有山就有石窟，有石窟就有雕塑和壁画，是一处香火不息之地，是“石窟走廊”的重要路段。有石窟的存在，就有石窟文化的积淀。形成了各有特色和价值的石窟史地、石窟美术、石窟建筑、石窟乐舞、石窟宗教、石窟文学、石窟科技、石窟民俗、石窟古迹等，体系庞大，规模宏盛，传播广、影响大，在后世得到了进一步的发扬光大。

长城文化。汉长城沿河西走廊，一路出张掖，沿弱水北上，在肩水金关一带，折而向西，沿黑戈壁南麓，与疏勒河并行，直奔敦煌玉门关外。当时的长城叫“塞”或“塞垣”。至今长城墙体大部分早已坍塌，夷为平地，淹没在荒草荒水之中，但不时还可见到汉长城断断续续的残留遗迹。如金塔黑河、黑戈壁南路一线的烽燧，大湾城、地湾城、肩水金关遗址、瓜州双塔、唐玉门关遗址、苜蓿峰烽燧等。明长城在酒泉，主要是东出嘉峪关，经果园乡、怀茂乡两山口，过讨赖河，经临水进入张掖之境，只有几十公里的路程。但在临水一带，因过沼泽地，无法修墙体，便开挖壕沟。酒泉市的各县市博物馆中都收藏有大量长城遗存和复原模型。

边塞文化。唐代的酒泉，给诗人提供了有别于其他地方的创作情境，大漠黄沙、遥远古道、马蹄响声、叮咚驼铃、蓬草征雁、长河落日，离家的悲愤、思家的情切、行军的辛苦、征战的惨烈、凯旋的悲壮，无不是他们创作灵感的来源。因为这些，才有一批批大诗人振聋发聩的大诗作流传千古，催人泪下。如今，在酒泉的街道、广场、公园、村镇，到处都有边塞诗的文化墙、宣传专栏和印刷品，许多单位和社团，组织文艺演出时，都有边塞诗的配乐朗诵和情景表演。有些商家也喜欢用边塞诗的意象和符号，作为产品商标和设计创意。酒泉市政广场的 12 根“文化柱”，主要图案就来自于边塞诗。

墓画文化。据考古发现，肃州区境内有果园—新城魏晋墓群、丁家闸南北石滩墓群、酒泉城东关外汉墓群、下河清汉墓群、崔家南湾魏晋墓群、玉门泉子墓群、瓜州锁阳城东西墓群、踏实东西墓群、冥水南北墓群等，除出土文物外，还有部分墓葬的壁画艺术，堪称“地下画廊”。出土有最早的飞天形象——羽人，最早的裸体画造型，最早的驿路邮差形象，最早的西王母、东王公诸神仙画像。画尽了天上、人间和地狱中的所有事物，展示了高

丝路文化的历史遗存

超的绘画技艺。

丝路文化。丝路河西古道、瓜沙曲先驿道、莫贺延碛道、元代纳怜道、甘漠大道、鲜水酒泉道，都是各地通向酒泉、酒泉通向各地的重要驿道。其驿道遗存，主要有明代设在酒泉城东关厢、清代设在北城门内的酒泉驿，以及临水河畔的临水驿，三墩乡的马房驿，嘉峪关黑山下的水关峪通道。玉门的火烧沟、清泉、赤金、骟马城、地窝铺、玉门镇、瓜州锁阳城均设过驿站。从瓜州去敦煌的路叫瓜沙曲先驿道，途中经老师兔城，至悬泉置，有山泉就可设驿站。从瓜州到哈密，走莫贺延碛道，要穿越茫茫大沙漠。酒泉古道，就是一部古代中西交流的史典。

十九、酒泉诗之旅：千秋山河千秋诗

酒泉的古道，不仅是一条丝路，同时也是一条诗路；酒泉的历史，不仅是一部史话，同时也是一部诗话。沿着古代诗人的足迹，寻找他们的诗情，同样是一程诗之旅。

酒泉道中之诗：关山飞雪

唐代突厥攻扰河西。作为凉州都督的郭震，经常从凉州发兵，行走在酒泉道上，感慨良多，写下了《塞上》诗，记载了酒泉受围的危机。

塞外虏尘飞，频年出武威，
死生随玉剑，辛苦向金微。
久戍人将老，长征马不肥。
仍闻酒泉郡，已合数重围。

同样行走在酒泉道上的唐代诗人王维，眼中看到的依然是战火紧，军情急，酒泉危在旦夕。

十里一走马，五里一扬鞭。
都护军书至，匈奴围酒泉。
关山正飞雪，烽火断无烟。

塞外虏尘飞

酒泉晏中之诗：高堂置酒

唐代官至右补阙的著名边塞诗人岑参，来到酒泉，受到了当地官员的热烈欢迎。岑参当即作《酒泉太守席上醉后作》，记录了当时热烈的场面。

酒泉太守能剑舞，高堂置酒夜击鼓。
胡笳一曲断人肠，座上相看泪如雨。
琵琶长笛曲相和，羌儿胡雏齐唱歌。
浑炙犁牛烹野驼，交河美酒归叵罗。
三更醉后军中寝，无奈秦山归梦何。

酒泉公园之诗：酒美泉香

清代乾隆年间的肃州分巡道程世绥，闲暇时候游泉湖公园，面对自然风景，写下组诗《酒泉》，现选其两首。

回泉绿带小栏边，疏凿依稀记汉年。
重辟草堂依曲沼，平添水阁映清涟。
溪桥野色无人画，草榻茶烟病叟禅。
莫讶山公偏好饮，香甘一掬已陶然。

沦漪一曲鉴湖开，谁击轻艄此溯洄。
休沐且为无事饮，放衙争共讨春来。

闲敲活火尝新茗，旋汲清泉压旧醅。

老去头衔增曲部，醉乡日月胜蓬莱。

清同治年间，酒泉公园毁于兵燹，荒芜日久。左宗棠收复肃州，重新修缮公园，便有了他的诗作《秋日泛舟泉湖作》。

我心如白云，舒卷无定著。身世亦如此，得泊我且泊。

昔岁来兰州，随槎想碧落。黄河横节园，牛女看约略。

以槎名其亭，南对澄清阁。走笔题一系，乡心慰寂寞。

今我访酒泉，异境重湖拓。杖适出新泉，隄周三里廓。

……

酒泉关山诗：孤城遥望

唐代著名边塞诗人王昌龄，从军后经常行走在雪山下的戈壁沙漠间。虽然行伍生活很苦，但也领略了壮美河山，渴望建功立业的心情十分迫切。其《从军行七首·其四》写道：

青海长云暗雪山，孤城遥望玉门关。

黄沙百战穿金甲，不破楼兰终不还。

《从军行七首·其七》写道：

玉门山嶂几千重，山北山南总是烽。

人依远戍须看火，马踏深山不见踪。

在诗仙李太白的笔下，同样把关山写得苍茫而壮观。其《关山月》云：

明月出天山，苍茫云海间。
长风几万里，吹度玉门关。
汉下白登道，胡窥青海湾。
由来征战地，不见有人还。
戍客望边邑，思归多苦颜。
高楼当此夜，叹息未应闲。

酒泉城中诗：百雉层城

明代进士牟伦，在酒泉做官期间，对酒泉的景色作了细致而动情的描写。这是他的一首《题肃州景》诗。

百雉层城万里遥，汉家曾此建旌旄，
不闻官吏鸣宵柝，尚有番王款圣朝。
贡去天闲皆騕褭，驮来银瓮有葡萄，
于今绝塞无烽警，定远何须戍险劳。

清代曾任肃州高台县训导的胡钰，在职四年，也对酒泉一往情深，写下了《肃州怀古》一诗。

控引玉门形势多，李嵩曾此据关河。
挥戈返日空神力，折戟沉沙耐洗磨。
遗恨未教山雪化，闲愁都付野云过。
太平时节无争战，羌笛休吹出塞歌。

玉门道中诗：兵驰马奔

李白诗《从军行》，写了跟随队伍行走在荒凉而漫长的玉门道上的将士，既写眼前的情景，也抒发心中的壮怀。

从军玉门道，逐虏金微山。
笛奏梅花曲，刀开明月环。
鼓声鸣海上，兵气拥云间。
愿斩单于首，长驱静铁关。

清代诗人沈清崖，曾以西安粮监道管军需库务驻肃州，在此期间写下了大量有关酒泉的诗作。其中《赤金峡》一诗，是写玉门道的情形。

左湖右峡绕岩城，雪峤凌晨粉黛明。
久练戍兵驰马槊，新招烟户课牛耕。

已开道路通王会，那向莺花动客情。

……

瓜州风光诗：河流双汇

清代进士汪灋，雍正年间，擢安西道，与马尔泰督修瓜、沙等城工事务。曾写安西风光诗。

《双塔堡》

塔影参差旧迹荒，营屯卒伍启新疆。
雪峰南耸当山阁，红日东来照女墙。
草色满郊千骑壮，河流双汇一川长。
幽情更爱禽鱼盛，闲向溪林钓猎忙。

《踏实堡》

岩疆地势踞南东，远色参差入望中。
雪岭云从天际出，石包径与塞垣通。
依沙曲曲泉流碧，编户丛丛柳绽红。
策马镇城山路近，峻崖月影挂雕弓。

酒泉出塞诗：烽火居延

唐代进士钱起，写《出塞》诗一首，称赞一位在酒泉平定边患的将军。

黄沙

带剑侍吾皇，弹冠入建章。
酒泉奏烽火，简命下河湟。
策马塞门高，扬鞭塞门远。
薄伐破居延，穷追收大宛。

在清代担任《甘州府志》编纂工作的任己，在《李陵遮虏障》诗中，写出了李陵出塞以后的痛苦与悲哀。

马隆勇士只三千，半万材官斗转坚。
无命堪为属国典，有颜仅作单于阏。
贱臣未见诛降管，良友何由报腐迁。
惜别河梁诗数首，论文亦是汉遗贤。

二十、生态之旅：欣赏美也呵护美

人们知道，大漠深处的生态是美丽的，也是极为脆弱的。一不经意，一条河流就干涸了，变成了断流千年的古河床；一不留神，一大片原生态的植被就消失了，变成了一片万古荒原。因此，我们在观赏大自然之美的同时，也要小心翼翼地呵护大自然之美。

| 肃州区四坝海子湿地公园 |

肃州区泉湖镇四坝村，有一片水草丰茂的湿地，因水源充沛，20 世纪农业学大寨时，修建了一座大型水库，浇灌着四周农田。也是市民们下乡垂钓的好去处。近年来，肃州区对水库进行加固除险的同时，修建了园门牌楼、栈道、风景塔，开辟了小型广场，打造成了集游览观光、生态体验、娱乐健身为一体的综合性湿地公园。每到夏秋季节，柳暗花明，景色宜人，束束蒲草，丛丛芦苇，朵朵马兰，啁啁水鸟，构成一幅秀美画卷。

四坝海子湿地

| 肃州区花城湖生态旅游风景区 |

潜入地下的讨赖河水，经过大片农田和戈壁，在嘉峪关新城乡和肃州果园、怀茂一带，陆续露出地面，形成密集的泉水。泉水汇合后，流向黑山向东延伸的山谷。经过锅盖梁，一直流向花城湖。因水量充沛，花城湖有水面积约2.66平方千米，随着季节的变化，水量也时涨时消，形成一处水草丰茂的“世外桃源”。由于地理位置的关系，这里是“鸡鸣三城”的地带，酒泉城、嘉峪关城、金塔城，形成了一个生态三角地带。地形地貌多样，有湖泊、溪流，更多的是沙丘、戈壁、山梁。历史遗迹有烽火台、天罗城、李陵碑、钱匣泉、花木兰营城等。经过多年的整合，形成了集大漠、戈壁、草原、沙丘、长城、烽燧为一体的生态旅游风景区，2019 年获批国家湿地公园。

| 金塔县沙枣园子自然保护区 |

沙枣园子，是一方比金塔绿洲还要辽阔的亘古荒原。夹在金塔、嘉峪关、玉门的交界处，形成了一个遥远而荒凉的地域。由于降水极少，沙漠横布，风沙肆虐，只有生命力极顽强的红柳、胡杨、梭梭、麻黄、骆驼刺等沙生植物艰难地生长在这里，成了茫茫沙海中的绿色希望。省级金塔沙枣园子自然保护区，有以旱生、超旱生形态存在的野生植物种类 7 科 64 种，其中属国家二级保护植物 2 种，国家三级保护植物 6 种。现有林地面积 26.67 平方千米，疏林地面积 48.16 平方千米，灌木林地 691.32 平方千米。

| 花海镇干海子鸟类保护区 |

疏勒河有一股尾水，经玉门冥泽湖，沿马鬃山余脉北麓向东流去，形成了大大小小的湖泊。花海干海子就是一处富有特色的湖泊，四周的沙漠也难以使湖水蒸腾干涸。保护区总面积 6.66 平方千米，其中水域面积 3 平方千米，生长有柽柳、梭梭、白刺、芦苇等植物。栖息的鸟类约有 26 种，总数在数万只以上，有大白鹭、赤麻鸭、绿头鸭、白眼潜鸭、红脚鹬、弯嘴滨鹬、黑翅长脚鹬、豆雁、白鸽、灰鹡鸰、红尾伯劳、苍鹭等。可惜在 20 世纪末，上游来水干枯，植物荒芜，鸟类远去。近年来，通过干海子引水工程项目建设，随着水源的补充，湖面的恢复，原有的美重现，鸟类也陆续回归，使这里又热闹了起来。

| 瓜州极旱荒漠国家级自然保护区 |

在有着“世界风库”之称的瓜州，由于荒漠化的逼近，成为我国西部沙尘暴起源地之一，自古就有“瓜州一场风，从春刮到冬”的说法，登高远望一片沙，大风一起满天沙。瓜州县建立了极旱荒漠国家级自然保护区，使生态效益和社会效益有了明显提高。踏实、桥子、布隆吉、西湖等自然保护区内的胡杨、红柳等天然野生植物生长茂盛，再现了“踏实秋容”的壮美景观。同时，瓜州县大力组织实施了农田防护林、绿色通道等治沙造林重点工程。如今的瓜州风轻了，天蓝了，地绿了，野生动物也成群出没，大批候鸟在瓜州湿地寻找家园。封育区的植被覆盖率由封育前的 11% 提高到了 40% 以上，92% 的农田实现了林网化。

党河源的生态植被

肃北盐池湾国家级自然保护区

肃北县盐池湾镇，地处青藏高原的西北边缘，地势较高，气候寒冷，属永久性积雪区。境内有高山草原、草甸草原和山前冲积草原。野生动物资源独特而丰厚。

不论是党河河畔的平草湖草地，还是独山子一带的湿地，均湖泊相连，景色天成。凡是波光摇曳处，就是天鹅、黑颈鹤、雪鸡、沙鸡等候鸟的栖息之地。山谷间、山腰中、岩石旁、丛林里、流水处，缓行的野牦牛踏雪而归，机敏的藏羚羊迎风奔跑，憨态可掬的雪豹攀岩走壁，这里是它们的乐园。1982 年设省级自然保护区，现为国家级自然保护区。据保护区统计，有 10 种一级野生动物、25 种二级野生动物在这里得到了有效保护。同时还保护了 41 科、150 属、271 种野生高等植物。

肃北党河牧场

| 阿克塞安南坝自然保护区 |

野骆驼有着庞大的躯体、巨大的种群，本应该在远山近水间呼风唤雨。可是恶劣的生态环境，使它们的生存日益艰难，种群急速退化，成了比大熊猫还珍稀的动物。全世界仅存的1000多只野骆驼，就顽强地生存在新疆、甘肃、青海、内蒙古间的荒漠、半荒漠地区和戈壁草原上。为了这1000多只野骆驼，国家在边境地区、新疆罗布泊、阿克塞安南坝建立了3个自然保护区。西出阳关，就到了阿克塞安南坝一带，这里南有当金山阻隔，北有库木塔格大沙漠相逼，属于甘肃、青海和新疆3省区交界处的中亚内陆，水源短缺，植被稀疏。安南坝自然保护区就建立在这里，主要保护在这一带出入的三四百峰野骆驼。

二十一、特色节庆之旅：乡村旅游精彩纷呈

为了经营好“敦煌飞天”和“酒泉航天”两大品牌，各种形式的节庆活动精彩纷呈，既带动了乡村游、生态游和休闲游，也丰富了酒泉群众的文化生活。

| 酒泉边塞文化旅游节 |

2019 年金秋时节举办的为期 3 个月的酒泉边塞文化旅游节，其实是一个综合文化软实力的展示，各个县市、各个部门，谁有好的节目，好的演出，都可以拿出来登台亮相，一展风采。台上演出，台下互动，夜夜欢腾，场场火爆。除了隆重推出的专场文艺展演会、酒泉好声音演唱会、少儿才艺展演会外，新编排的现代大型秦腔《铁人王进喜》也可登台演出，征求观众的意见；流传在乡村的古老的《酒泉宝卷》也可老戏新排，让现在的人们也领略宝卷的艺术魅力。全国集邮书画展、酒泉摄影展，也为边塞

肃北蒙古族舞蹈

文化旅游节增添了新的元素和色调。敦煌流散海外文物复制展、丝绸之路历代钱币展，以珍贵的实物展示，生动讲述了“酒泉故事”。

| 金塔胡杨文化旅游节 |

一片胡杨林，带出了一个旅游节；一个旅游节，带活了一个县的经济。这个奇迹出现在近年来的金塔县，人们知道了旅游节，记住了胡杨林，也关注了金塔的发展与变迁，一拨一拨的投资潮，使许多企业和商家在金塔找到了互赢共进的结合点。自 2010 年启动以来，到 2019 年，金塔胡杨文化旅游节已成功举办了 10 届，每届有每届的亮点，每届有每届的成功。可以说好戏连台，精彩纷呈。尤其是第 10 届，动漫电影《金小杨大战风沙怪》、电视纪

金塔胡杨林

录片《绿色丰碑》，使嘉宾和当地居民眼前一亮。一部金塔的变迁史重现人们眼前，呼唤人们为大美金塔再加一把劲，再夺新的辉煌。

| 金塔县金塔镇杏花节 |

金塔县推出“旅游+”发展模式，各种“乡村游、生态游、休闲游”活动随之升温。尤其是金塔镇红光村，自 2013 年建成“金杏庄园”以来，整理农户庄前屋后、田间地头的杏树，打造生态田园。每年 4 月，“万物此时竞芳菲，桃红杏白弄晴影”，乡村都要适时举办“杏花节”，吸引酒泉、嘉峪关及周边游人，观赏优美的景色，体验农事活动，品尝农家风味，并积极推销黑醋、凉粉、

杏花开了

瓤枣等特色农产品。农民们高兴地说,庄稼汉也吃上了“旅游饭”。

| 金佛寺杏花节 |

肃州区“醉美金佛寺·七彩杏花节”文化旅游节，也是酒泉乡村游的一场重头戏。4 月杏花展瓣吐蕊时，家家户户装扮一新，彩灯高悬。以游园踏青、赏花观景为主线，开展了游人参与性很强的徒步穿越杏林、田园篝火舞会、放风筝比赛、乡村产品推介等活动。有游人高吟 :“春风入杏林，霏雨凝花容。娇白胜桃红，痴情最为浓。”

| 西洞桃花节 |

肃州区西洞镇，处于酒泉火车站四周。以往，铁路带动的巨大物流穿镇而过，并没有给村镇带来多少财富。为此，镇上提出打造“商贸重镇、文化新镇、旅游名镇”的战略，把目光放在“桃红柳绿、金谷年年”的土地和物产上，大力定植能产金出银的林果业。其中桃林最引人关注，有着“杏花未落桃花开，一花更比一花艳”的景色。在肃州区以“赏祁连雪景·游美丽乡村”为主题的文化旅游节活动中，西洞镇连续多年举办富有特色的桃花艺术节，吸引城乡游人漫步桃花园，赏花观美景。并以桃花为媒，结识朋友、招商引资、共活西洞发展。三四五月桃花红，七八九月果压枝，大家相约金秋再来品鲜桃。人们看高兴了，便不停地拍摄、制作视频，发到微信、抖音、快手上去，让更多的人分享喜悦。

| 下河清乡西瓜文化旅游节 |

肃州区下河清乡以“甜爽西瓜情·醉美乡村行”为主题的西瓜文化旅游节，以西瓜展物产，以文化提品味，以节会扩影响，以头脑抓商机。每年七月西瓜成熟时，家家迎客尝鲜，打响了“西瓜之乡”的金字招牌。西瓜文化旅游节的活动丰富多彩，引人入胜，气力大的来一场瓜王争霸赛，有手艺的办一场西瓜雕刻艺术展。这边自采自摘，那边吹拉弹唱。以瓜为题的趣味游戏和时装模特表演也富有情趣。

| 玉门赤金峡漂流文化旅游节 |

作为玉门的一张名片，赤金峡漂流文化旅游节最凝聚人气，聚集商气，富有特色。本来就因地势落差大而水流湍急的石油河，在流进赤金峡后，由于山势收拢，绝壁危峻，峡谷幽深，水流更加湍急。加上两岸绿树层叠，景色更加怡人。赤金峡漂流文化旅游节将文化、旅游、体育三者相结合，推出经贸洽谈、音乐演唱、河道漂流、冲关比赛、篝火晚会等项目，形成了一道亮丽的风景线，让广大游人与体育爱好者，在激烈、紧张、竞争、浪漫、新鲜的氛围中，尽享文化盛宴。

| 张芝文化艺术节 |

张芝的故乡瓜州县，为推进“中国书法之乡”的创建，打造了气势恢宏的草圣故里文化产业园。每年 8 月到 11 月，都要在这里隆重举办张芝文化艺术节。尤其是以“草圣故里·翰墨瓜州”为主题的“张芝奖”全国书法作品展、张芝书法艺术大讲堂、“张芝杯”广场文化艺术节、书画作品交易、特色农产品展销等活动的相继开展，使瓜州县取得了“文化搭台、旅游唱戏、经济增势”的效果。

| “丝绸之路那达慕”肃北文化旅游节 |

以“共同团结奋斗、共同繁荣发展、弘扬民族文化、促进全域旅游”为主题的“丝绸之路那达慕”肃北文化旅游节，现已成

那达慕赛马

功举办了两届。活动中，把“游敦煌莫高窟，住雪山蒙古包”的活动贯穿全线。在推出蒙古族服饰大赛、乌兰牧骑文化艺术节及摔跤、射箭、骑马等体育比赛的同时，还可品尝美食、参观摄影展。各种活动特色突出，引人入胜，是展示肃北民族旅游资源禀赋的极好时机和形式。

二十二、体育赛事之旅：力与力的较量

《中国体育报》载，酒泉市按照“以赛事培育市场、以市场促进消费”的思路，打造高端户外运动赛事品牌，积极探索大型体育赛事市场开发和运作模式。先后举办了丝绸之路国际汽车拉

力赛、全国沙滩排球巡回赛、全国沙滩手球锦标赛、全国动力悬挂滑翔锦标赛、全国广场舞大赛、全国百城徒步大赛、“非凡足迹”戈壁徒步挑战赛、穿越戈壁全国企业精英徒步大会、敦煌“双遗”国际戈壁马拉松赛、玉门飙山越野魔山挑战赛、肃州区“功勋杯”自行车邀请赛、“敦煌传奇”世界王者争霸赛、阿克塞丝绸之路骑射国际大学生邀请赛等全国性、世界性的赛事。2016年至2019年，全市共组织户外徒步、冰雪探秘、登山攀岩、越野拉力、滑翔跳伞、定向越野等户外运动赛事600多项，其中，国际、国家级赛事70余场次，省级赛事160余场次，每年参加户外休闲赛事活动的人员达40万人次以上，国内外高端人士到酒泉参加户外休闲运动已成为时尚。据市文化旅游局提供的资料：

“玄奘之路”商学院戈壁挑战赛。倡导“理想、行动、坚持、超越”理念，已经连续成功举办了12届，参赛人数累计超过20000人次，是华语文化圈当中的心灵励志品牌活动，是中国户外运动中最具影响力的文化品牌，被文化和旅游部、国家体育总局评为“中国人眼中的丝绸之路十佳旅游品牌活动”。

中国酒泉国际戈壁超级马拉松赛。这是由国际超跑协会、中国田径协会双重认证并首度合作的全国精品铜牌赛事，是全球首次直播的第一个以戈壁命名、以戈壁为赛道的越野超跑赛事，来自30个国家的1500多名运动员参加，诞生了世界首个戈壁超级马拉松100公里世界赛道记录和中国赛道记录。

玉门魔山挑战赛赛道。这是文化和旅游部、体育总局评选的2017年中国十佳精品赛事线路之一，赛事已经连续举办三届，参与人数1500多人次。“飙山越野、天空跑、魔山挑战”等赛事类型能让参赛者深入玉门国家地质公园，穿越丹霞、火山口、硅化木，领略玉门丰厚的文化遗存，体验一场“野”性十足、刺激无比的激烈赛事。

全国百城徒步挑战赛酒泉站。这是由国家体育总局社体中心、中国国际露营大会主办，酒泉市人民政府承办的高规格户外品牌赛事，在世界杯和世锦赛双料竞走冠军刘宏宇、体操世锦赛男团冠军成员吕博的带领下，有2000多名省内外运动员和徒步爱好者参与竞赛。这项赛事参与人员众多，既落实了全民健身计划，又引导了大家锻炼身体、亲近自然，更促进了酒泉体育旅游产业的发展。

丝绸之路国际汽车拉力赛。这是积极响应国家“一带一路”倡议，由丝绸之路沿线35个国家及地区的1500多人、500多辆车参加的赛事，赛程历时两周，沿着丝绸之路一路向东，横跨欧亚大陆近万公里征程，有效促进了丝绸之路沿线各国的文化交流与互动。

全国动力悬挂滑翔锦标赛。由国家体育总局航空无线电模型运动管理中心、中国航空运动协会、酒泉市体育局主办，有短距起降、空投定点、绕标竞速、领航四个竞赛项目，是国内动力悬挂滑翔机项目的最高级别赛事，是西北地区举办的首届国家级滑翔锦标赛。

阿克塞丝绸之路骑射国际大学生邀请赛。这是依托国家“一带一路”倡议和丝绸之路文化，由国内外20多所高校射艺爱好者参加的以射艺结合骑术文化为比赛内容的项目，有效推动了体育、文化、旅游的高度融合，使参赛者能深刻感受边塞少数民族文化风情。

全国广场舞大赛。这是由国家体育总局社会体育指导中心、中国社会体育指导员协会、甘肃省体育局主办，玉门市承办的国家级体育赛事。该赛事以“全民共舞与全运同行”为主题，来自辽宁、宁夏、青海、甘肃等地的26支代表队500多人参加了比赛。

瓜州摩托车越野场地赛。赛事由中国酒泉（西部）户外运动之都组委会、酒泉市体育总会、瓜州县体育中心、瓜州县体育总会联合主办，吸引了来自北京、山东、青海、新疆、浙江、云南、宁夏、甘肃、贵州、吉林、山西、江苏、内蒙古、天津等14个省区市的48名国内外顶尖级专业及业余选手和法国、哈萨克斯坦的外籍车手参加，赛事惊险刺激，开辟了瓜州户外体育新的领域。

肃州区“功勋杯”自行车邀请赛。赛事以“骑行健将共聚肃州、引领健身助推盛会”为主题，旨在倡导“健康、环保、时尚”的绿色运动理念，不断巩固提升自行车运动品牌，全力推动全民健身活动广泛开展。由肃州籍自行车骑行名将张忠录、马艳萍等10多人带领骑行，来自省内外的200多名自行车爱好者在赛道上激烈角逐，上演了一场速度与激情的较量。

肃州区北大河风情线马拉松赛。这是肃州区创办的首个品牌赛事。比赛路线设置在风景秀丽的北大河河畔，赛程分迷你马拉松赛和半程马拉松赛，目前已经连续成功举办6届，参加人数达15000人次。

金塔环行胡杨林马拉松赛。由金塔县人民政府、酒泉市体育局主办，以“千年等待，只为今生相见”为主题，比赛分半程马拉松赛和迷你马拉松赛，吸引了来自全省的1300多名运动员参赛，全面展示了金塔形象，扩大了胡杨文化旅游节知名度，提升了航天文化、胡杨文化的影响力。

二十三、民间文艺之旅：跳活地脉的节律

春节民间文艺活动，在酒泉大地上活跃着、传承着，并且一年比一年活跃，一年比一年热闹，一年比一年精彩。

过年红火不红火，走乡串村闹社火

社火，从狭义来讲，指的是一种文化娱乐形式——老社火；从广义来讲，指的是整个春节文化活动，包括跳社火、舞狮子、舞长龙、踩高跷、赶旱船等靠扮演、造型、技巧取胜的民间艺术。

老社火，是酒泉、金塔最为流行的一种有跳有蹦、有说有唱的集体舞蹈。它来源于古老先民对土地与火的崇拜。老者，历史

闹社火

悠久，代代传承；社者，祭祀土地，企盼丰年；火者，崇拜火祖，以图兴旺。《风俗通》载："百日之劳，一日之乐，集社燃火，群歌群舞。祈于天，祷于地，以期吉也。"酒泉老社火，其热烈的场面，宏大的规模，繁多的花样，广泛的影响，绝不亚于当地流行的"地蹦子"。老社火的角色虽不多，但都极具特色。有 4 个"鼓子"，皆为身材高大的男子，头戴鸡冠高帽，身穿红绿裤褂，腰挂红色腰鼓，蹦蹦跳跳，边舞边鼓。有 4 个"拉花"，都是浓妆艳抹的少女，身穿红衫绿袄，腰系花色裙裾，手拎铜锣，边扭边敲。有 4 个"棒槌"，均是英俊潇洒的少年，头戴和尚帽，涂抹花脸，裤子外面套开裆裙，分别手持霸王鞭和弹子槌，一跳三蹦，非常活跃。还有膏乐匠、傻公子、丑婆子等角色，滑稽幽默。老社火有三盏灯、四盏灯、九连环、犁铧尖、童子拜观音、盘长儿、三环套月、四马攒蹄、蜻蜓点水、黑虎掏心、卷席筒、蛇抱九蛋等 72 场，场场相扣，一场比一场激越，一场比一场精彩。膏乐匠的说唱内容因地、因人现编现唱、即兴发挥，或企盼丰收年景；或歌颂太平盛世；或提倡文明新风；或祝福全家幸福。就在这蹦蹦跳跳的脚步声中，就在这咚咚嚓嚓的锣鼓声中，惊天地、活地脉，新的一年红红火火地开了头。

翻腾跳跃迎空起，大街小巷舞狮子

狮子，虽是一种凶猛的野兽，但在民间却是一种吉祥之物，被视为文殊菩萨的坐骑，具有其他兽类无可比拟的地位。经过民间艺术的构思和加工，人们编排了著名的狮子舞，流传于天南地北。酒泉狮子舞形象矫健，神态可爱，造型生动，技巧娴熟。文狮重表演，

狮子舞

通过搔痒、舔毛、打滚、抖毛等舞蹈动作，表现狮子活泼、温驯、喜怒、嬉戏等情感。武狮重技巧，主要有跳跃、跌扑、登高、腾转、踩球等舞蹈动作，表现狮子的威武，令人称奇叫绝。就是百兽之王的老虎，恐怕也没有狮子这样活灵活现。

立足高跷走平地，前翻后叉过天桥

高跷，俗称“拐子”，起源悠久。春秋战国时，高跷已发展成为一种民间艺术。酒泉流行的高跷，路数多、变化大、难度高，不拘一格，可在大场面表演，也可走街串户，在锣鼓声中边舞边走，活泼耐看，趣味性很浓，深受人们的喜爱。文高跷以行走为主，跷技高超者能向后退走、单腿前跳、劈叉、滚翻、折跟斗，常常获得满堂喝彩。武高跷以表演舞蹈技巧为主，也有武术色彩浓厚的特技表演，惊险动人。清代恩竹樵写过一首《咏秧歌》：“捷足居然逐队高，步虚应许快联曹。笑他立脚无根据，也在人间走一遭。”

谁说人间无神异，惊叹大地跑长龙

在酒泉农村，龙是图腾，龙是圣物。自古以来，祈求来年要舞长龙，舞个风调雨顺；庆贺收成也舞龙，舞个仓满囤流。讲究青龙踏春郊，赤龙踩夏野，白龙闹秋熟，黑龙卧冬雪。酒泉龙舞，也叫舞龙、耍龙，气氛热烈、催人奋进。表演龙舞的要求很高，难度很大，不是哪个村组、哪个单位想搞就能搞起来的。一要有实力，二要有能人。舞龙人要经过严格培训，道具要精心制作，套路要巧妙设计。一旦组场上演，表现出的是龙腾盛世的神圣和龙行云雨的威风。小龙可以四五个人舞一条，灵敏活跃，腾挪跳跃，憨态可掬，喜形于色。再小，就可一人舞一龙，左右逢源，招人喜爱，穿行在游人中间，更增添了节日的气氛。而长龙，就需要参与的人更多，有百人舞一条长龙者，首尾不见，只见龙身在春风中翻滚起舞，每前行一步，都是团结和力量的组合。也有二三百人才能舞得起来的长龙，每翻腾一次，都有排山倒海之势。

莫道眼前无江河，旱船同样掀春潮

旱船，也是酒泉民间的一种表演艺术，据说起源于三国时期。后经历代演变，旱船的表演形式才趋于定型。酒泉人把江南人特有的技艺搬上了酒泉大地，也成为春节文化活动的重要内容之一。酒泉的旱船总是装扮得漂漂亮亮，轻纱薄帘、飘带迎风，并不比江南的花船逊色。花枝招展的大姑娘，与其说是坐花船，倒不如说是撑花船。只见她碎步急行，人船共舞，云伴风随，似走水面，

龙腾盛世

舞龙

如行花丛。古装古扮的老船工，与其说是划花船，倒不如说是引花船，时而激越如飞，时而舒缓似云。在酒泉，与旱船表演形式大致相同的民间艺术还有花车、跑驴等。赶旱船要唱《四景曲词》和《十道河》等歌曲，就好像人在水上行，歌在水上漂。请听《赶旱船》的歌词：

路面是水脚是桨，赶船的人儿在中央。
手把船沿翻波浪哟，漂亮的彩船比赛忙。
上下翻飞吉星照，八字绕出福满堂。
笑着赶出佳节喜哎，船儿盛满来年旺。

舞扇摇得春风来，锣鼓叮咚扭秧歌

锵锵锵，锣鼓响，秧歌起。酒泉的那些大娘、大婶、大嫂、大姐，那些大爷、大伯、大叔、大哥们，虽然对国标舞有点陌生，但对土生土长的秧歌舞却情有独钟，娴熟精到。整个春节期间，他们总要扭个天旋地转，扭个风生水起，扭个春色满园。酒泉秧歌舞有大小之分。大秧歌扭动幅度大，速度较快，昂首挺胸，显得雄健有力，适合走街串巷表演；小秧歌步伐柔美，扭动幅度较小，适合广场和舞台表演。酒泉的秧歌又各有特点。有的开朗奔放，有的欢快活泼，有的诙谐细腻，有的淳朴豪爽，有的轻盈灵巧，有的粗犷泼辣。近年来，城乡退休职工纷纷组织秧歌队，平时为

扭秧歌

健身健美而舞，过年过节为自娱自乐而扭。有的秧歌队还配备了彩扇、花棍、花环、花束、彩球、彩旗、飘带，五颜六色，花团锦簇，喜庆气氛更为浓烈。民间有《秧歌曲》：

击起鼓来敲起锣，锣鼓叮咚扭秧歌。
扭上秧歌为什么？扭出一个太平年。

二十四、博物馆之旅：承载着酒泉厚重的历史

酒泉拥有国家博物馆、纪念馆（文化及行业）21 个，民办博物馆 9 个，乡村记忆博物馆 15 个。其中，有 38 个博物馆列入甘肃省文化遗产“历史再现”工程博物馆名录。

| 酒泉市博物馆 |

到达：酒泉市肃州区盘旋西路 10 号。市内乘坐 5 路、12 路、28 路公交车在肃州中学站下车。

开放时间：每周二至周日上午 8：30—12：00，下午 14：30—18：00，周一闭馆（遇国家法定假日顺延）。

门票价格：免费。

2012 年，占地 6600 平方米、建筑面积 17400 平方米的一座

酒泉博物馆

崭新建筑，在酒泉新城区梧桐园落成。该建筑既有汉唐风格，又融合现代建筑理念，气势雄浑，朴素大方，原定名为酒泉城市博物馆，后因各种条件不备，改建成了酒泉市博物馆。新建的酒泉市博物馆为酒泉“文化大客厅、文博大荟萃”的标志性窗口，也一改中华人民共和国成立 60 多年以来酒泉无地市级博物馆的历史。馆内高大的浮雕墙、大型数字沙盘，成为酒泉的缩影。璀璨酒泉展厅、七域同辉展厅、3D 主题影院等，共有 8730 平方米的陈展面积，可全方位、多角度地展示酒泉的历史文化和传承创新。2015 年 12 月正式开馆，对外免费开放。现有各类藏品 5200 多件，其中文物 3200 多件，充分应用声光电的现代科技手段，陈展文物 880 多件，展品 1250 多件，展品主要有巨型硅化木、东汉冥树灯、东汉“宜”字凤纹铜镜、魏晋画像砖以及陶器、铜器、瓷器等。

| 肃州区博物馆 |

到达：酒泉市政广场西侧肃州区图书馆3楼。市内乘坐9路公交车。

开放时间：每周二至周日上午8：30—12：00，下午14：30—18：00，周一闭馆（遇国家法定假日顺延）。

门票价格：免费。

在酒泉，最早建立的是肃州区博物馆。从20世纪50年代开始，有心的酒泉人就开始注意收藏和保管文物，积累了许多难得的珍品。1978年开馆以来，先后三迁馆址。现今的馆址位于市政广场西侧的区图书馆3楼。馆藏文物20多个种类，4138件。经常展出的文物有400多件，基本涵盖了史前文明到明清文化的实物史料。博物馆还组织人力，点校刊印了《重修肃州新志》，编印了《酒泉名胜古迹》《酒泉县38年大事记》《酒泉市文物志》《酒泉文物精粹》《酒泉人文地志展览》等有价值的资料。

| 玉门市博物馆 |

到达：玉门市新市区玉苑路文化馆大楼。在城内可以步行到达。

开放时间：每周二至周日上午8：30—12：00，下午

14：30—18：00，周一闭馆（遇国家法定假日顺延）。

门票价格：免费。

玉门市博物馆于1990年6月建立。博物馆建筑面积3500平方米，其中文物展厅960平方米、文物库房400平方米。现有藏品1192件（套），主要有陶器、银器、铜器、石器、骨器、木器、瓷器、玉器、彩绘砖等10多类，尤以火烧沟文化类型文物、骟马文化类型文物为特色，有国家珍贵文物166件，其中二级文物11件，三级文物155件。现有藏品包括四坝文化双耳彩陶罐、彩陶碗、双口单提梁红陶罐、陶勺、双耳红陶罐、双耳凸纹红陶罐、双耳鼓腹红陶罐、双耳彩陶罐及清玉人像等10多种类型。出版有《玉门文物》《玉门历史考古》《火烧沟与玉门历史文化研究文集》等专著。2012年获"甘肃省文物系统文化遗产先进工作单位"荣誉称号。

金塔县博物馆

到达：金塔县宝塔路22号。在县城可以步行到达。

开放时间：每周二至周日上午8：30—12：00，下午14：30—18：00，周一闭馆（遇国家法定假日顺延）。

门票价格：免费。

金塔县博物馆，原位于金塔县金塔镇民主路12号，2009年9月对外免费开放。近年来，新馆落成，乔迁新居，与县图书馆、档案馆成为金塔县城"圆梦广场"的重要组成部分。设有"会水长歌——金塔古代文明寻踪”“汉风简韵——肩水金关汉简文化陈列”“塔韵生辉——金塔塔文化印象”“金塔问天——趣味航天文化展”四个常设主题展览。现有馆藏文物1354余件。珍贵文物有新石器时代单孔石刀、石琮、骨珠、双耳彩陶罐、单耳彩陶罐、陶埙、夹砂陶器、砾石刀、石珠、彩陶盆，汉琥珀雕卧虎、汉琥珀雕对鸟配饰、肩水金关汉简、汉代铜马、汉三足铜鼎、东汉具鞍铜立马、魏晋铜俑人、晋代羽人灯、明代佛瓦当、魏晋陶轺车、东汉陶卧羊、明藏文写经、毛公墓志铭等。

| 瓜州县博物馆 |

到达：瓜州县县府街55号。在县城可以步行到达。

开放时间：每周二至周日上午8:30—12:00，下午14:30—18:00，周一闭馆（遇国家法定假日顺延）。

门票价格：免费。

瓜州县博物馆，也是全市建立并展出较早的县级博物馆。馆名由赵朴初先生题写。现有“瓜州历史文物展”和“东千佛洞精品壁画展”两个基本陈列，共展出文物102件。珍品文物有象牙造佛、新石器时代石凿、战国青铜斧、水月观音图（复制）、五代千手千眼观音绢画、三彩牵马陶俑、三彩骆驼、草叶纹彩陶罐、四耳彩陶罐、双耳彩陶罐、双耳夹砂灰陶罐、汉封泥、“司御自言书”汉简、“永平十四年”汉简、汉灰陶格盘、汉“尹延寿印”铜印、汉“酒”字灰陶罐、汉“饭”字灰陶罐、魏晋彩绘兔画像砖、魏晋彩绘羊画像砖、魏晋彩绘鸭画像砖、魏晋灰陶灯、魏晋“多贺国家”铭文铜镜、魏晋“食饭举”陶奁、唐三彩胡俑头造像、唐三彩骆驼、唐三彩侍女俑、唐三彩黑釉马、西夏文残片、西夏印本经版画、元藏文经残页、元四耳云水纹瓷瓶、明铜佛造像、清铜菩萨造像、明相轮铜塔、清镏金国师铜造像、清乳丁卷云纹玉佩、清玉扣饰、清人皮鼓、兽头莲瓣纹铜号、八仙木拐及西路军文物等。

| 肃北蒙古族自治县博物馆 |

到达：党城湾镇梦轲路。在县城可以步行到达。

开放时间：每周二至周日上午8：30—12：00，下午14：30—18：00，周一闭馆（遇国家法定假日顺延）。

门票价格：免费。

肃北县博物馆，基本陈列主要介绍了肃北县远古文明的发祥、甘肃猿人的出现、古生物的演化、汉魏古城遗址、黑戈壁的传奇、甘肃岩画的遗存、党河峡谷的风貌风情、祁连冰川的美丽壮观、雪山蒙古族的服饰、马具等。藏品有汉代的弓箭，唐宋时期的钱币，元代的陶瓷碗，明清石刻、丝织品、金银器、鸦烟斗等，对研究肃北的历史文化有着十分重要的意义。

| 阿克塞县哈萨克民族博物馆 |

到达：在新县城中心的民族风情园。在县城可以步行到达。

开放时间：每周二至周日上午 8：30—12：00，下午 14：30—18：00，周一闭馆（遇国家法定假日顺延）。

门票价格：免费。

哈萨克民族博物馆，采用全封闭、全方位灯光照明，通透式玻璃展柜、复原实物场景等手段，并利用临摹图、照片、展板、表演等方式，以展品年代分类陈列，着重突出宗教、生产生活工具和场景，集中展示了古往今来哈萨克族人在阿克塞这方热土上的生存状态，综合打造了一部荡气回肠的民族史诗，成为甘肃省民族团结教育基地。

| 酒泉民俗博物馆 |

到达：酒嘉城际公路 12 公里处的禹苑国家级水利风景区。自驾或乘出租车到达。

开放时间：每周二至周日上午 8：30—12：00，下午 14：30—18：00，周一闭馆（遇国家法定假日顺延）。

门票价格：免费。

酒泉民俗博物馆，收集整理和展出了酒泉在延续数千年的农耕生产中所形成的文化和民俗。将具有酒泉特色的民居和街区风貌，城乡居民日常生活中的各种用品，不同季节、不同场所、不同面料、不同样式的服装和纺织品，交通运输的车辆及部件，春种、夏管、秋收、冬藏的生产工具，各类工匠的用具和材料，各种文化用品和娱乐用品等，聚于一馆。既有藏品陈列展示，又有图片文字说明，还有情景体验，可使参观者深刻了解农耕时代的生产方式、发展轨迹、生活风情、道德风尚、文化融合。

后 记

我原以为自己生在酒泉、长在酒泉，吃酒泉饭、走酒泉路，做酒泉的事、写酒泉的文章，对酒泉是再熟悉不过的了。但是，要写这本《走进酒泉》的旅游书，却感到了“熟悉的陌生”。许多地方我都没有到过，好多景点的特色，我还闻所未闻。一些原本熟悉的材料，大都老了旧了，反映不了今天的面貌。要把酒泉的风光景象、历史变迁、人文故事等完整准确地表现出来，还真有很大的难度。

怎么办？我只能在大量阅读文献资料、实地察访的同时虚心求教。杨利民、刘炘、姜鸿源、杨永生、杨安弢、万发林、段应君、王昱、王建宏、张军山、王天福、孙志宝、李国民、王天春、马正晶、秦国顺、李兴华、张洁、刘常生等，都为本书的写作出了许多主意，提供了新的资料。

本书需要大量高质量的照片，我虽然也有多年的摄影积累，但总觉得自己拍摄的这些图片不尽如人意。好在酒泉的摄影家田卫、王治平、王治斌、高登福、李国民、赵立云、丁玉虎、戴友春、马晓伟、李斌龙、郭军、杨阳、边世文、巴依孟克、吴俊瑞，以及酒泉市文旅局、博物馆、金塔县文旅局、博物馆为我提供了充足的、上佳的照片，满足了出版的需要。

在这里，对在本书文字、图片方面为我提供过帮助的所有领导、专家、学者，表示衷心的感谢！

书中肯定还有许多错漏之处，请各位读者发现后指出，期望能在修订本中给予纠正。

赵开山

2020.10